ひろさちやのいきいき人生2

禅にまなぶ

ひろさちや【著】

春秋社

まえがき

わたしたちは、何のために仏教を学ぶのでしょうか？　とくに禅を学ぶ目的は何でしょうか？

もちろん、悟りを開くためです。それが常識的な答えです。

では、悟りを開けばどうなりますか？

まず、心の安定が得られます。人格が高尚になります。

でも、本当にそうでしょうか？　悟りを開いた（と言われている）偉い禅僧でも、死に臨んでおたおたする人がいます。あなたはがんですよと告知されて、落ち込む高僧もいます。さらには人妻と不倫をやって、世間の人々から糾弾されている名僧もいます。だが、それは言わないでおきます。いちおう、悟りを開けば、心の安定が得られ、人格が高潔になるとしておきます。

で、それでどうなるのですか？　心の安定が得られても、もしもその人の子どもが不登校になったとき、その人はどうすればいいのですか……？　親が悟っていても、子どもは悟っていませんよ。子どもが学校でいじめにあったとき、どうすればいいのですか？　借金取りに追い回されているとき、心の安定が得られて、それで借金がなくなりますか？

　昼間、借金取りに追い回されていた人が、夜になって借金取りが来なくなり、

〈助かった〉

と思います。心の安定とはそのようなものです。しかし、借金は残っています。また翌日、その人は借金取りに追い回されます。そして夜になって再び心の安定を得るようなものです。

　つまり、いくら仏教を学んでも、禅を学んでも、問題はちっとも解決されていないのです。

「馬鹿なことを言うな！　そもそも悟りを開いた高僧が、借金取りに追い回されるはずがない」

　と、わたしを糾弾される人がおられるかもしれません。だが、それは違うと思います。最初にも言いましたが、有名な禅僧でも、世間の非難を浴びている人が大勢おられます。けれども、それは言わないでおきます。かりに悟りを開いた高僧が、くだらぬ問題で悩むようなことはないとしても、それじゃあくだらぬ問題を抱えていない人だけが、禅を学べ

ばよいことになります。わたしや読者のように、

――子どもが学校でいじめられている・夫婦の仲が悪い・親子の不知・嫁と姑の対立・多額な借金があって悩んでいる・会社で冷遇されている・失業した・出世ができない・隣近所と対立している――

といった、さまざまな問題に悩んでいる者は、仏教や禅を学ぶ必要はなくなります。だって、いくら禅を学んでも、問題そのものは解決されずに、一時的な心の安定しか与えてくれないのであれば、学ぶ必要はありませんよね。

では、わたしたちは、何のために仏教を、禅を学ぶのでしょうか？　振り出しに戻ってしまいました。

われわれがここではっきりさせておかねばならないことは、いくら仏教や禅を学んでも、問題は少しも解決されないということです。娘が妻子のある男性と付き合っているので、注意したところ、娘が自殺してしまった。どうすればいいですか？　そう問われたこともあります。しかしいくら仏教を学んでも、自殺した娘が生き返るはずはありません。ならば親は、苦しむよりほかないのです。それをどのように苦しむか、そこに仏教、禅を学ぶ意味があります。

わたしであれば、そのような親に向かっては、

「忘れてしまいなさい」

とアドバイス（忠告）を与えますね。しかし、いつもいつもそうするのではありません。ケース・バイ・ケースです。人生のあらゆる問題は、場合場合によって対処の方法が違います。それを学ぶのが仏教の学び方です。そしてわたしは、ある場合には「忘れてしまいなさい」と言います。そうすると、「忘れてしまっていいのですか？」と訊かれます。世間の常識（あるいは葬式仏教の常識）だと、死者を忘れるなんてとんでもないことだ、と教えられています。七回忌や十三回忌など、「忘れてはいけない」とお坊さんが説きまくっています。しかし、わたしは言います、

——仏教では、死者はお浄土に往って、そこで釈迦仏や阿弥陀仏、大日如来の弟子になっておられます。だから死者のことは、すべて仏にまかせておきなさい。仏にまかせておいて大丈夫だと信じられるのが、仏教者たるゆえんです。だから忘れてしまいなさい。その忘れることによって、あなたは仏教者になれるのですよ——

と。

もちろん、忘れるためには、しっかりと仏を信じなければなりません。仏を信じて、信じて、とことん仏を信じたとき、わたしたちは仏教者になれるのです。

わたしは、それが仏教を、そして禅を学ぶことだと思っています。そういう考えでもっ

て、わたしはこの本を書きました。つまり本書は、さまざまな生活の問題を解決するのではなく、問題はそのままにしておいて、しかも仏教者として人生をどう生きればよいかを考えようとしたものです。だからあなたは、貧乏であれば貧乏なまま、病気であれば病気のまま、仏教者としてしっかりとあなたの人生を生きてください。わたしはそう願っています。

ひろさちやのいきいき人生2　禅にまなぶ

目次

5 人生は無意味……

ひろさちやのいきいき人生2　禅にまなぶ

1

世間を馬鹿にする

▼禅は達磨に始まる

禅のトップ・バッターは菩提達磨《ぼだいだるま》です。

「だるまさん、だるまさん、にらめっこしましょう……」とうたわれ、子どもたちに親しまれた玩具のモデルになった人物です。面壁《めんぺき》九年の坐禅をやって、ついに手足が融けてなくなった。そういう伝説があります。でもね、いくら坐り続けても、現実の手足がなくなるわけがありません。まあ、それほどの激しい修行を彼はしたことになっています。禅のトップ・バッターに据えるにふさわしい人物ですね。

菩提達磨は伝説上の人物です。最近の学者の多くは、この人物の実在を疑問視しています。だって、彼は南インド香至国の第三王子で、梁の武帝の普通元年（五二〇）に中国に来て、大通二年（五二八）に百五十歳で逝去したことになっています。とすると、百四十歳の老人がはるばる海を渡って天竺から中国へやって来たというのですから、信じよというほうが無理ですね。われわれは彼を架空の人物として扱うことにしましょう。なお、初期の文献では彼は〝菩提達摩〟と表記されていますが、後世になると〝菩提達磨〟の表記が使われています。以後、われわれは、彼を〝達磨〟の表記で統一することにします。

武帝というから、その名前からして乱暴粗野な皇帝に思われます。けれども、中国、南朝梁の武帝（在位、五〇二―五四九）は、皇帝みずからが当時最高の教養人であったばかりか、帝の治世中に南朝文化の黄金期が訪れたといわれるほどの「文化人」でした。だから武帝は、インドからやって来た達磨を迎えて、意気込んで言います。

帝問ふて曰く。朕、即位して已来、寺を造り、経を写し、僧を度すること、勝《あ》げて紀すべからず。何の功徳か有ると。師曰く、並びに功徳無しと。帝曰く。何を以てか功徳無きと。師曰く。此れ但だ人天の小果、有漏の因にして、影の形に随ふが如し。有ると雖も実に非ずと。（『景徳伝灯録』巻第三）

――武帝が尋ねた「朕《われ》は即位して以来、寺を造り、経を写し、僧を度してきた。それは書ききれぬほどやった。どういう功徳があるか？」

達磨は言う「いずれの行為も、功徳なんてない」

武帝「どうして功徳がないのか？」

達磨「それらは、この迷いの世界の中でのちょっとした因果の報いで、影が形につきまとっているようなものだ。幻のごときもので、実際にありはしない」――

このあと、武帝と達磨の問答は続きます。でも、武帝は最初に達磨から、

――無功徳――

と言われたもので、おたおたしています。まったく問答は嚙《か》み合っていません。嚙み合わないまま、達磨は武帝のところを去って行きました。そういう話が伝えられています。

まあ、ともかく、このようにして禅はインドから中国に伝わったのです。そして以後、中国において禅が発展し、のちに日本に伝わって来ます。その記念すべき第一歩に菩提達磨がいます。われわれはそこから考察を始めましょう。

▼達磨の「無功徳」

さて、達磨の「無功徳」です。

武帝がやったのは、誰がどう考えても功徳のある行為です。褒められて然るべきです。にもかかわらず達磨は、それを「無功徳」と断じます。功徳なんてあるものか。彼はそう言うのです。いったいどうして「無功徳」なんでしょうか？

じつは、ここでわたしたちがしっかりと確認しておくべきことは、仏教者である達磨は、

――世間に対して無関心――

であることなんです。ある一つの行為が、世間の物差しによってプラスに評価されるか／マイナスに評価されるか、彼はそんなことに関心を持ちません。そんなことはどうだっていいことです。だから、功徳があると思って武帝がそれをやっているのなら、他人である達磨の評価を聞く必要はありません。ただやっていればいいのです。それが達磨の「無功徳」です。わたしはそう思います。

いいですか。なるほど武帝は、仏教を深く信仰し、寺院を建立し、僧侶たちを厚く持て成したので、多くの学僧たちが都の建康に集まって来ました。それはそれで立派な行為です。功徳があるでしょう。だが、歴史家たちは、武帝のこのような仏教への度の過ぎた保

護・援助が財政を逼迫させ、国力を衰退させる原因になったと指摘しています。僧侶にとって都合のいいこと（功徳のあること）は、庶民にとってマイナス（無功徳）になるわけです。それが世間のあり方ではないでしょうか。

われわれ、たいていの人は、世間においてまじめに生きています。にもかかわらず、ほとんどの人があまり成功していません。いわゆる貧乏籤《くじ》を引く人が多いのです。そうかと思えば、まあ適当にやって、すいすいと世の中を泳いでいる人もいます。世間というものは、あまり「まじめさ」とは関係がないようです。

いや、地震の災害によって、まじめに生きていた人が塗炭《とたん》の苦しみに遭遇する場合もあります。あるいは交通事故に遭う人だっています。本人には何の責任もない。にもかかわらず苦しまねばならないのです。

世間とはそういうものです。

そういう世間において、武帝は成功／不成功を考えています。功徳があるか／ないかを考えています。

おまえさん、そんなことは考えなくていいんだよ。達磨は武帝にそう教えたかったのです。それが達磨の「無功徳」です。わたしはそのように考えます。

▼世間のことを第一に考えない

さて、そもそも禅とは何でしょうか……？

古来、仏教においては、

――戒学・定学・慧学の三学――

ということが言われています。仏道を学ぶ者が必ず修すべき基本的な修行の徳目です。戒律を守るのが戒学であり、心の散乱を防ぐために禅定を修め、そして智慧を身につけることです。この三学の一つである定学を独立させたものが禅です。

けれども、それだけであれば、「三分の一の禅」でしかありません。戒学・定学・慧学の三学のうちの一つの定学（坐禅）でしかないわけです。

そこで、禅においてはこのように考えます。すなわち、定学（坐禅）のうちに戒学も慧学も含まれている、と。わたしたちは坐禅をしますが、それはただ坐っているだけではなく、同時にそこに戒律もあり、智慧もあるというわけです。だから、それは「一分の一の禅」なのです。

そして、そのような禅が達磨によってインドから中国に伝わり、中国で発展し、のちに日本に伝わって来ました。普通はそのように考えられています。

だが、わたしはいま菩提達磨の故事を考えたとき、

〈どうも、ちょっと違うよな〉

と思ったのです。彼は伝説の人物かもしれません。しかし、彼がインドから中国に禅を伝えたとして、達磨が伝えた禅は戒学・定学・慧学の三学の一つの定学（坐禅）ではなかったようです。彼が言っているのは、

――われわれは世間の物差しでものを考えてはいけない――

ということだけでした。それ以外に、彼は何も語っていません。

だとすれば、そもそも禅とは何かといえば、わたしは、

――出世間――

というところに根本義があるように思います。あまり世間のことを考えないのです。もちろん、われわれは世間の中で生きています。だから、ある程度は世間のことを考えなくてはなりません。課長になり、部長になり、局長になる。そのような出世を目指す必要はあるでしょう。けれども、それはほどほどにしておいて、世間のことは第一にしない。第二、第三にする。それよりはもっと大事なことを第一に考える。もっと大事なこととは何か？　それはあとで考えることにします。ともかく、世間のことを第一に考えない。それが禅ではないか。わたしはそのように考えたのです。

▼聖徳太子の「世間虚仮」

どうもわたしは坐禅というものが苦手なんです。わたしは浄土系の人間で、坐禅にかぎらず、仏教の修行というものがあまり好きではありません。

〈だって、キリスト教徒やイスラム教徒になるのに、わざわざ修行しないといけないということはないよね。仏教徒になるのに、どうして修行をしないといけないのだろうか……?〉

そんなふうに思ってしまうのです。

けれども、禅というものを、「世間を第一に考えないことだ」と定義すれば、それは修行でなくなります。もっとも、わたしたちは、世間における成功を優先的に考える癖があります。癖というか、性癖ですね。だから、ある程度の訓練を積む必要はあります。だがそれは訓練であって、修行ではありません。そのように考えると、禅は修行ではなく、日常生活においてわたしたちがそれを実践できるものになります。そう考えて、わたしは大いに安心した次第です。

そして、聖徳太子(五七四―六二二)の言葉を思い出しました。

聖徳太子は、わが国の仏教の基礎を固めた人です。彼は、世間《せけん》虚仮《こけ》、唯仏是真《ゆいぶつぜしん》。

と言っています。世間は虚仮である。嘘・偽りの世の中だ。ただ仏のみが真実である。そう言ったのです。

じつは、聖徳太子は推古天皇の摂政でした。つまり政治家です。その政治家が、統治するべき世間を虚仮と見るのはけしからん。そのように江戸時代の儒者たちは、この言葉の故をもってえらく聖徳太子を非難しています。その非難は完全に当たっていないわけではありませんが、しかしわれわれは聖徳太子の言葉を聞き流しにするわけにはいきません。たしかに世間は虚仮です。

世間というものは、わたしたちのまじめさと無関係に存在しています。いくらまじめに世間と付き合っても、それで成功できるとはかぎりません。では、ふまじめなほうがいいのかといえば、それもよくないですね。所詮、世間は虚仮なんです。こちらのまじめさ／ふまじめさとはまったく無関係なのが世間です。

▼親鸞の考え方

もう一人、親鸞《しんらん》（一一七三—一二六二）を見ておきましょう。彼は浄土真宗の開祖です。親鸞はこう言っています。

聖人のおほせには、善悪のふたつ惣《そう》じてもて存知《ぞんじ》せざるなり。そのゆへは、如来《にょらい》の御こゝろによしとおぼしめすほどにしりとをしたらばこそ、よきをしりたるにてもあらめ、如来のあしとおぼしめすほどにしりとをしたらばこそ、あしさをしりたるにてもあらめど、煩悩具足《ぼんのうぐそく》の凡夫《ぼんぷ》、火宅無常の世界は、よろづのことみなもてそらごとたわごと、まことあることなきに、たゞ念仏のみぞまことにておはしますとこそ、おほせはさふらひしか。（『歎異抄』結文）

——親鸞聖人の仰せには、「善悪の二つについて、自分はなにも知らぬ。なぜなら、如来の御心《みこころ》に善しと思われるところまで知りぬいてこそ、善を知ったといえるのだ。如来が悪と思われるところまで徹底して知ったとき、悪を知ったといえるのである。けれども、わたしたちは煩悩にまみれた凡夫であり、この世界は無常の火宅であって、すべてが嘘《うそ》いつわり、真実はなに一つない。そのなかで、ただお念仏だけが真実である」と言われたのであった——

親鸞は、世間的な善／悪に関心がないと言っています。いま現在、善と思われたことがのちには悪となり、悪だと世の人々が非難することが善に転ずる。それが世の常のあり方でしょう。現に親鸞自身が、その時代の権力によって悪人とされ、流罪になっているのです。親鸞の師の法然（一一三三—一二一二）だって、やはり流罪に処せられています。

では、本当の善とは何か？　本当の悪とは何か？　それを知っておられるのは、ただ仏だけです。如来だけです。だからわたしは、世間の人々が言っている善／悪に関心を持たない。そう親鸞は言っています。わたしはわたしの道を歩む。たとえ時の権力がそれを「悪」と決めつけようと、わたしはただひたすら阿弥陀仏が教えてくださった道を歩む。それが親鸞の仏教者としての態度でありました。

この態度は、聖徳太子に通じるものがあります。わたしたちは、世間的なことにあまり関心を持たないほうがよいでしょう。まったく無関心でいるわけにはいかないでしょうが、少なくとも世間への関心は二の次、三の次にしましょう。世間のことばかり考えて、汲々《きゅうきゅう》と生きる生き方は、仏教者の生き方ではないと思います。

▼「独坐大雄峰」

禅仏教について論じているつもりが、ちょっと浄土仏教のほうに傾いたようです。わたしは、禅であろうと浄土仏教であろうと、そもそも仏教は世間に対する関心を第一のものとしないことにあると思います。だから親鸞に筆が向かったのですが、あわてて禅に戻ります。

中国、唐代の有名な禅僧に百丈懐海《ひゃくじょうえかい》(七四九―八一四)がいます。禅籍の『碧巌録《へきがんろく》』(第二十六則)に次のような公案があります。

僧、百丈に問う。如何《いか》なるかこれ奇特《きどく》の事《じ》。丈云く、独坐大雄峰。僧礼拝す。丈、便《すなわ》ち打つ。

百丈のところに一僧がやって来て、こう尋ねました。

「いったい何が奇特なことですか?」

〝奇特〟というのは、すぐれている、すばらしい、ありがたい、といった意味です。真にすばらしいものって、何ですか? 僧はそう質問しました。

それに対して百丈懐海が答えます。

「独坐大雄峰」（独り大雄峰に坐す）

大雄峰とは、江西省南昌府にある大雄山の峰です。そのとき百丈は、この大雄山に住んでいました。それでこの山の名前が出てきたのです。つまり彼は、

「わしゃ、ここにこうして、独り坐わっているのじゃ」

と答えたのです。それがすばらしいことです。

お分かりになりますか？　わたしたちがすばらしいことと見るのは、世間的な価値です。その世間的な価値は、時代によって、あるいは民族によって違います。現代日本人がすばらしいと評価するものを、インド人はつまらぬと評価するかもしれません。あるいは逆かもしれません。ともかく世間的な価値はいろいろに変化します。だが、百丈は、そういう相対的な評価に関心はありません。

「いいか、わしがここにこうしてどっかと坐っている。それがすばらしいことなんじゃ」

彼はそう教えたのです。まったく世間を離れているのです。そういうすばらしさを百丈は教えています。

おそらく、百丈のこの言葉に、質問した僧は感激したのでしょう。そこで僧は礼拝します。すると百丈は、その僧を打ったのです。なぜでしょうか？

お分かりになりますよね。百丈は「独坐大雄峰」であって、そこに「世間」は非存在です。まったく影も形もない。百丈はどっかとそこに坐っています。

だが、一僧がやって来て、その百丈を拝んだ。

この僧は「世間」を代表します。せっかく百丈が「世間」を消し去ったのに、「世間」のほうがのこのこやって来て、百丈に礼拝する。百丈にとって、これほど迷惑なことはありません。だから百丈は、一僧すなわち「世間」を打ったのです。わたしはそのように読んでいます。そのように読むと、なかなかおもしろい禅問答ですよね。そう思いませんか……。

▼世間を超越する

わたしは、この百丈の「独坐大雄峰」は、仏教の開祖の釈迦世尊にも通じることだと思います。

釈迦は誕生するや否や、東に向かって七歩を歩んで、右手で天を指し、左手は地を指して、

天上天下《てんじょうてんげ》唯我独尊《ゆいがどくそん》。

と獅子吼《ししく》されました。「あめがうえ、あめがした、われにまされる聖者なし」と、百獣の王ライオン（獅子）の叫びにも似た宣告を発せられたのです。そういう伝説が『仏《ぶっ》本行集経《ほんぎょうじっきょう》』に記されています。

産まれたばかりの赤ん坊が、そんなことを言うはずがない。そんなふうにクレーム（文句）をつけないでください。もちろんこれは伝説です。のちに釈迦は、天上天下——すなわち、わたしたちが住んでいるこの世間——を超越した、ユニーク（独特）な教えを説くであろう。そのように釈迦自身が予告した。伝説はそれを物語っています。

つまり、釈迦の教えた仏教は、世間を超越した教えです。金・かね・カネの世の中で成功する教えではありません。もっとも、金・かね・カネの世の中は、現代日本やアメリカだけかもしれませんが、昔は昔で、家柄が幅をきかせていたのです。どんな社会も、それぞれの価値観があります。仏教というものは、そのような価値観に従って成功者になるための教えではない。あくまでも世間の価値観を超越した教えです。それが釈迦の「天上天下唯我独尊」の言葉です。

だから菩提達磨は、梁の武帝に、

「おまえさん、おまえさんが本当に仏教者であるのなら、世間的な功徳なんて考えたらあかんで。世間を超越して、ただ仏教者であろうとすればええ」と教えたのです。それが「達磨の無功徳」なんです。

そして百丈懐海も、真にすばらしいこととは、金持ちになることではない。政府委員になることではない。大企業の社長になることではない。俺はここにどっかと坐っているではないか。その「独坐大雄峰」こそが、真にすばらしいことなんだ。そのように僧に教えたのです。

仏教の原点は、この「出世間」にあります。

禅仏教であれ、浄土仏教であれ、世間を超越しなければなりません。その世間を超越することが、わたしは仏教の第一歩だと思います。

▼慧能の「不思善不思悪」

しかし、〝超越・超越〟といった言葉では、いささか抽象的にすぎるかもしれません。言っていることはよく分かるが、具体的にはどうすればいいのか？　そういう問いが出てきそうです。

じつは禅は、その具体的な方法を、手取り足取りわれわれに教えてくれているのです。

たとえば、中国の禅宗史の大スターに六祖慧能《えのう》（六三八―七一三）がいます。彼は、あの菩提達磨を初祖として、六番目にあたるので〝六祖〟と呼ばれています。

その慧能の言葉に、

不思善不思悪、正与麼《しょうよも》の時、那箇《なこ》か是《こ》れ明上座《みょうじょうざ》が本来の面目《めんもく》。(『六祖壇経』)

――善を思わず、悪をも思わない。まさにそのとき、明上座よ、あなたの本来の面目はいかなるものか?――

があります。これは慧能が、明上座という僧に対して投げかけた言葉です。そして明上座は、この言葉を聞いた瞬間、忽然《こつぜん》として大悟したと伝えられています。

以前、親鸞を語ったときに話しましたが、われわれは、何が善であり/何が悪であるかを考えています。けれども、善/悪は世間が決めるものです。そして、世の中の善/悪なんて、あまりあてになるものではありません。「天皇陛下のために命を投げ出せ!」「鬼畜米英」「贅沢は敵だ!」「欲シガリマセン勝ツマデハ」の時代から、「贅沢は素敵だ」「大量生産・大量消費」「消費者は王様だ」「平和の祈り」のスローガンに、あっという間に変わってしまったのです。わたしの八十年の人生体験でそうなんです。そして、今後、これがどうなるのか、誰も予測できません。世の中の善／悪なんて、いつもいつもフラフラしています。

六祖慧能はそのことを指摘しています。そんな世の中の善／悪の奴隷になるな！　人間は本来「自由」なんだ。奴隷をやめて、自由人になれ！　それが慧能の「不思善不思悪」です。善／悪の観念を捨てて（ということは世間を超越して）、ありのままのおまえさん――本来の面目――に戻ってごらんよ。そうすると、きっと楽になるよ。慧能は明上座にそう教え、それが明上座によく分かって、彼は悟りを開いたのです。

こういう形で、禅はわれわれに世間を超越する仕方を教えています。

▼三度の遣い

もう一つ、例を挙げておきます。本当はここで一休（一三九四―一四八一）に登場してもらいたいのですが、論述の都合上、一休は後回しにします。

江戸時代の臨済宗の禅僧に盤珪永琢《ばんけいようたく》（一六二二―九三）がいます。彼は「不生禅」を提唱した名僧です。われわれはみんな不生の仏心を持っている。不生の仏心とは、不生不滅の仏心、生滅を超越した仏心です。それでもって、烏がカアカア、雀がチュンチュンと啼いているのを聞いている。仏教の悟りというものは、如来知見、つまり物事をありのままに知り、見ることができることだから、不生の仏心だけでよい。烏をカアカア、雀をチュンチュンと聞けばよい。盤珪はそのように主張したのです。それが「不生禅」です。

その盤珪が山科の地蔵寺に住していたときです。『正眼国師逸事状』にこんなエピソードがあります。正眼国師とは盤珪永琢のことで、彼の弟子の湛然が編纂した師の言行録です。

盤珪は侍者を遣わして、京都に上質紙を買いにやらせました。

侍者が購入して来たものを見るなり、盤珪は、

「これじゃあ、だめだ」

と撥《は》ね付けます。それで侍者は、またもう一度、京都に行きます。

しかし、二度目も、盤珪は肯《がえ》んじません。侍者は、再び京都に行きます。山科から京都まで、ご苦労なことです。

三度目に侍者が買って来たものを見て、師はまたしても、「これも、あかん」と言います。

だが、その言葉で、侍者は気が付きました。わが過《あやま》ちに気付き、師に詫びます。

「そうか、分かったか。なに、最初の紙でもよかったのじゃ」

盤珪はそう言いました。

いったいこれが何を物語るかといえば、侍者は紙を買って来たのではなく、「迷い」を購入して来たのです。山科から京都に帰って来るまでのあいだ、彼は、

〈これでよかったのであろうか……〉

〈あるいは、あの別の紙のほうが、師匠は気に入るかもしれない。あちらのほうにすべきであったのだろうか……〉

と、心中、あれこれ迷っています。「そんな余計なものを買って来るな！」と、盤珪は侍者に教えたかったのです。

そもそも「迷い」というものは、世間に属するものです。世間はさまざまな物差しでもって事物を測り、善い／悪いを査定します。その査定に従って、われわれはどれを選べばよいかと迷うのです。

でもね、たかが紙切れ一枚ではありませんか。なんだっていいのです。少なくとも禅僧の盤珪は、〈なんだっていい〉と思ってこだわってはいません。だから、侍者が買って来てくれた最初の紙でもよかったのです。

しかし侍者は、紙のほかに「迷い」まで買って来ました。そんな余計なものを買って来るな！　師は弟子をそう叱ったのです。

もしも侍者が「迷い」を買って来ていなかったなら、「これじゃあ、だめだ」と言われ

たとたん、侍者は、

「ああ、そうですか。わたしはこれでいいと思って買って来ました。これでいけないのであれば、誰か別の人をやってください」

と言うはずです。いや、そんなことは言わずとも、盤珪は弟子の態度を見抜いています。侍者が余計な「迷い」を買って来たことも、ちゃんと知っています。だから、「これはだめ！」と言い、侍者は二度、三度、山科から京都に脚を運ばないといけなかったのです。わたしはそう思いますね。

▼禅の主体性

以上によって、禅がどのようにして世間を超越しているかがお分かりになると思います。要するに、まったく世間を信用していないのです。あるいは、

――世間を馬鹿にする――

と言ってもよい。馬鹿にするといっても、「おまえは馬鹿だ！」と喧嘩を売るわけではありません。喧嘩を売るのは、それだけ世間を信用しているのです。世間を一人前として扱っています。そうではなくて、世間を歯牙にかけない。まったく問題にしない。無視してしまう。それが世間を馬鹿にすることだと思うのです。

そういえば昔(一九六五年)、中教審(中央教育審議会)が「期待される人間像」を発表したことがありました。当時わたしは大学院生でしたが、印度哲学科の教授たちが、「われわれはこのような問題に早く気がついて、われわれのほうから『期待される人間像』をつくるべきであった」

と意見を述べられていたのを憶えています。そのときわたしは思いました。

〈馬鹿なことを言うな! どうせ中教審の言うことだから、産業界が期待する人間、つまり牛馬のように黙々と働く人間を期待しているにきまっている。それに、期待される人間像がつくられると、必然的に期待されない人間が出て来るに違いない。その期待されない人間を救うことが宗教家の役目ではないか⁉ 期待される人間像を云々《うんぬん》するなんて、あなたがたは産業界の太鼓持《たいこもち》だ〉

その考えはいまでも変わりません。われわれは世間の「期待」に応えてはいけないのです。世間——この場合は中教審ですが——の言うことを、まったく馬鹿にしないといけない。わたしはそう思います。

もう少し言っておきます。

最終に近い電車の中で、酔っ払いが女性にからんでいます。それを見て、たいていの人はからまれている女性が気の毒だと思います。できれば女性を助けてあげたいと思うわけです。でも、女性を助けるためには、ひょっとしたら自分がその酔漢に殴られるかもしれません。で、どうするか……？　そこに迷いが生じます。

この問題はむずかしい問題です。禅は、「あなたはこうしなさい」と、正解を教えているわけではありません。あなたはしたいようにすればよいのです。ただし、世間を馬鹿にした上で、したいようにするのです。

あなたは、殴られることを覚悟の上で、酔っ払いに注意する。あなたがそうしたければそうしてください。

殴られるのはいやだから、何もしない。わたしは現在八十歳だから、たぶんそうするでしょう。

しかし、何もしないのであれば、あなたは主体性を持ってその道を行かねばなりません。〈本当は酔漢を叱るべきなんだけれども、俺は弱いもので、何もできない〉といったふうに考えてはいけません。あなたは、傍観者でありたいと、主体的に自分の道を選択したのです。その主体性が大事です。そうでなければ禅にならないのです。そのことを忘れないでください。

▼師彦の「主人公」

つまり、世間を馬鹿にするためには、あなたは強靱なる主体性を確立しなければならないのです。その主体性なしに世間を馬鹿にするのは、結局は負け犬の遠吠えでしかありません。そんなものは禅ではないのです。

その主体性の確立が、百丈懐海の「独坐大雄峰」です。

また、禅籍『無門関』（第十二則）に、有名な、

――「主人公」――

の公案があります。これも主体性の確立を教えたものです。

瑞巌《ずいがん》の彦《げん》和尚、毎日自ら「主人公」と喚《よ》び、復《ま》た自ら応諾し、乃《すなわ》ち云く、「惺惺《せいせい》著《じゃく》、喏《だく》、他時異日《たじいじつ》、人の瞞《まん》を受くること莫《なか》れ、喏喏《だくだく》」。

中国唐末の禅僧である瑞巌寺の師彦《しげん》和尚（生没年不詳）は、毎日、自分自身に、

「主人公」

と呼びかけ、そして自分自身でそれに返事をしました。

「しっかり目を覚ましておれよ！」

「はい」

「これから後も、他人に瞞《だま》されてはいかんぞ！」

「はい、はい」

こういう調子です。師彦は、自分が自分の「主人公」になるようにと、自分に言って聞かせたのです。これは「独坐大雄峰」の精神です。

ユダヤのジョークにこんなのがあります。

肉屋が二軒、並んでいます。その一軒の肉屋に神がやって来て、「おまえの望みをなんなりとかなえてやる」と言います。ただし、おまえにかなえてやる望みの二倍を、隣の肉屋にかなえてやることになっている。おまえが一億円をくれと言うなら、おまえにすぐに一億円やるが、隣の肉屋には二億円やることになっている。神はそう言うのです。

「じゃあ、神さま、わたしが百万円損をすれば、隣は二百万円損するのですか？」

「そうだ、その通りだ」

それを聞いて、肉屋は神に言いました。

「それじゃあ、神さま、わたしの片目を潰《つぶ》してください」

これが世間というものです。隣の肉屋は世間です。隣はどうあろうと、自分は自分の幸福を願えばいいのに、逆に不幸を願ってしまいます。結局、彼は世間の奴隷になっているのです。その結果、せっかく幸福になれるチャンスを、彼は放棄してしまったのです。そして不幸になる。

われわれは師彦の「主人公」を、しっかりと学ぶべきですね。

▼臨済の教えた「無位の真人」

その師彦の「主人公」を、中国臨済宗の開祖の臨済義玄《ぎげん》（?——八六七）は、

——一無位《いちむい》の真人《しんにん》——

と呼んでいます。なんの肩書も持たない人間です。いや、男だとか／女だとか、老人／若者、金持ち／貧乏人、頭のいい／悪い、音痴だとか／歌がうまいといった、そういういっさいのレッテルの貼られていない人間です。つまり、物差しで測られない人間。それが一無位の真人です。われわれはこれを「自由人」と呼びましょう。

臨済の言行録である『臨済録』に、左の言葉があります。

上堂云《いわ》く、赤肉団上《しゃくにくだんじょう》に一無位の真人あり、常に汝等《なんじら》諸人の面門《めんもん》より出入す。未だ証拠せざらん者は看《み》よ看よ。時に僧あり出でて問ふ、如何なるか是れ無位の真人。師

禅牀《ぜんじょう》を下つて把住《はじゅう》して云く、道《い》へ道へ。其の僧擬議《ぎぎ》す。師托開《たくかい》して云く、無位の真人、是れ什麽《なん》の乾屎橛《かんしけつ》ぞといつて、便《すなわ》ち方丈《ほうじょう》に帰る。

——法堂に上《のぼ》って言われた。この生身の肉体の上に、なんら世間的な位格を持たぬ真実の人間がいて、常におまえたちの感覚器官から出入《しゅつにゅう》している。これをはっきりと見きわめていない者は、さあ、看《み》よ、看よ！ と。そのとき、一僧が進み出て問うた、世間的な位格を持たぬ真実の人間とは何ですか？ 禅師は椅子より下りて、その僧をひっつかまえて言った。さあ、言え、言え！ その僧は一瞬遅疑《ちぎ》した。禅師はその僧を突き放して言う。世間的位格のない真実の人間とは、なに糞かきべらさ。そう言って、さっさと方丈に帰って行った——

〝赤肉団《しゃくにくだん》〟とは、この生身のからだです。切れば赤い血が出る肉体。その上に「一無位の真人」、すなわち自由人がいて、眼や鼻、口、耳から出たり入ったりしています。臨済は、

「さあ、おまえたち、その自由人をしっかりと見よ！」

と、弟子たちに説法しました。

すると、一人の弟子がしゃしゃり出て来て、師に尋ねます。

「その自由人って、何なんですか？」

のこのこ出て来るぐらいだから、何かを持っている。誰だってそう思います。そこで臨済は喜んで、その僧の胸倉《むなぐら》を摑《つか》んで、

「さあ、言え、言え！」

とやります。だが、悲しいかな、彼は何も言えません。

それで臨済は言いました。

「なんや、無位の真人というのは、糞かきべらか⁉」

〝乾屎橛《かんしけつ》〟とは、糞かきべらだと解されています。だが、最近の解釈だと、乾いた棒状の大便そのものとされています。そうすると臨済は弟子に、

「無位の真人とは、つまりはウンコみたいもんや」

と言ったことになります。そして、この言葉にも二つの解釈があって、臨済は弟子に失望して、「なんだ、このウンコ野郎！」と言ったのだとする説と、「無位の真人――すなわち自由人――というのは、ウンコみたいなもんや」と教えたとする解釈です。わたしは、昔は前者の解釈に従っていましたが、最近は後者のほうがよいと思うようになりました。

つまり、臨済はこの弟子に、

「おまえなあ、無位の真人――自由人――というのは、つまりは〝ウンコ人間〟やで。おまえみたいな〝ウンコ人間〟や。そやけど、その〝ウンコ人間〟をおまえは大事にするんやで。立派で世間で尊敬される人間になるより、おまえさん、しっかりした〝ウンコ人間〟になりいや……」

と、親切に教えたのです。そんなふうに、わたしは考えています。

▼世間の「期待」に応えない

ともかく、わたしたちは世間を馬鹿にしましょう。

しかし、前にも言いましたが、世間を馬鹿にすることは、世間を相手に喧嘩をすることではありません。世間はしたたかです。一筋縄ではいきません。世間と喧嘩をすれば、わたしたちは世間にしてやられてしまいます。したがって、喧嘩をしてはならないのです。

世間を馬鹿にすることは、世間の価値判断の基準に迎合しないことです。

あるいは、世間の「期待」に応えないことです。

たとえば、会社はあなたに模範社員を「期待」します。ところが、どういう人間が模範社員か、明確に示されていません。ときと場合によって違っています。あまりでしゃばらず、協調性のある社員が「期待」されていることもあれば、積極的で行動力のある人間が模範社員とされることもあります。世間の「期待」はその都度《つど》違っているのです。にもかかわらず、まじめな人間は明確ではない他人からの「期待」に応じて自己を変えようとするから、じくじく悩むはめになります。そしてノイローゼになるのです。

わたしたちは、他人の「期待」、世間の「期待」、会社の「期待」に過剰反応をすることをやめましょうよ。自分は自分と割り切って、自分の個性を大事にしましょう。それが主体性の確立であり、世間を馬鹿にすることです。

ただし、まちがえないでください。個性というのは長所ではありません。長所は、世間の物差しで測られています。そんな長所ではなしに、むしろ欠点のほうが個性なんです。たとえば陰気な人は、その陰気さが個性です。したがって、無理に陽気になる必要はありません。陰気のままでいいのです。むしろより陰気になることが、自分の個性をのばすことだと思います。

そういえば、プロ野球の選手のうちには、監督やコーチの「期待」に応えようとするまじめな選手もいます。だが、まじめな選手は監督やコーチが替わると、新しい指導者の「期待」に応えようとして、個性を失うことが多いようです。むしろ自分の欠点を売り物にした選手のほうが、大物に育つように思われます。

ともあれ、世間の「期待」に過剰反応するのは危険です。わたしたちは自分の人生を生きるのです。他人のため、世間のために生きているのではありません。世間を気にして卑屈な人生を送るよりは、世間を気にせず、世間を馬鹿にして、自分は自分、俺は俺と割り切って生きましょうよ。

そして、わたしは、それが禅だと思います。〈俺は世間を信用しないぞ〉と、ちょっと心の中で呟《つぶや》くのが禅です。なんだかおかしな結論になったようですが、禅というものはわたしたちが主体性を確立して、世間を馬鹿にすることである。わたしはそのように考えるのです。

2

阿呆になれ！

▼達磨の弟子となった慧可

わたしは本書を菩提達磨から始めました。はるばる南インドから中国にやって来て、梁の武帝に対面します。しかし、武帝は世間に生きる俗物です。俗物といっても、それほどおかしな人間ではありません。世間の標準からすれば、まあ上等な人間です。

だが、達磨は武帝に失望しました。

〈なんだ、この程度の人物か⁉　たいしたことはないな……〉

といった感想を持ったのです。禅は世間を馬鹿にする教えです。しかし、武帝は世間の中で生きています。それ相応に世間を尊敬しています。世間を信用しています。そういう武帝に達磨は失望したのです。当然といえば当然ですね。

そこで達磨は、去って揚子江を渡って北上し、魏《ぎ》の国の崇山《すうざん》の少林寺に入り、そこで面《めん》壁《ぺき》九年の坐禅をしました。

そこへ一人の男がやって来ます。

神光《じんこう》という名の男。僧名を慧可《えか》（四八七—五九三）といいます。達磨の禅を継承して、禅宗第二祖となった人物です。

達磨と慧可の出会いは、『無門関』（第四十一則）に出てきます。

達磨面壁す。二祖雪に立つ。臂《ひじ》を断じて云く、「弟子は心未だ安からず、乞う、師よ、安心せしめよ」。磨云く、「心を将《も》ち来れ、汝が為めに安んぜん」。祖云く、「心を覓《もと》むるに了《つい》に不可得なり」。磨云く、「汝が為めに安心し竟《おわ》んぬ」。

——達磨が面壁坐禅していた。二祖が雪の中に立っている。そして自分の臂を切断して、こう言った——「弟子はまだ心が不安です。どうか師よ、わたしを安心させてください」。達磨は言う——「それじゃあ、心を持っておいで。おまえさんのために安心させてあげよう」。二祖が言う——「その心をさがしたのですが、どうしても見つかりません」。達磨が言った――「おまえさんのために、安心させてあげたよ」――

『無門関』の記述は、時間の経過がよく示されていません。それを補って解説します。

慧可が達磨のところにやって、入門を請います。慧可は雪の中に立っています。しかし達磨は壁に向かって坐禅したまま。なかなか入門を許しません。なぜなのか、慧可には分かりません。

たぶん何日もたって、ようやく慧可は気づきました。

〈そうだ！　達磨の教えは、古い自分を捨てることだ！〉

古い自分――とは何か！　それは既成観念といってもよいでしょう。悩みをなくしたい、苦しみをなくしたい……といった「観念」であり、「願望」です。いや、もっと言えば、世間の中でぬくぬくと生きている自分自身と言ってよいでしょう。

その古い自分を捨てればよい。慧可はそう気づいて、「わたしは古い自分を捨てました」と示すために、みずからの臂を切断しました。

その臂を右手に持って、慧可は達磨に示します。

雪の上にポタポタと落ちる鮮血。絵になる場面です。

かくて、達磨は慧可の入門を許しました。

その後のことです。数か月、あるいは数年後でしょうか。弟子は師に言います。

「弟子はまだ心が不安です。師よ、どうかわたしを安心させてください」

「では、その心を持っておいで。そうすれば安心させてあげるよ」

それで慧可は、一所懸命、その心をさがします。だが、見つかりません。何日もたってから、慧可は師に報告します。

「一所懸命に心をさがしたのですが、どうしても見つかりません」

「そうか、それならわたしはそなたを安心させてあげたよ」

不安の心をさがして見つからないということは、不安なんてどこにもないのです。だから安心させてやったじゃないか。達磨はそう言っているのです。その理窟、読者にお分かりになりますよね。

▼盤珪の「短気論」

この達磨と同じことを、江戸時代の盤珪《ばんけい》が言っています。盤珪については、すでに第1章で紹介してあります（三十ページ参照）。少し長い引用になりますが、藤本槌重編著『盤珪禅師法語集』（春秋社）から引用します。

ある僧問うて曰く、某は生れ付いて、平生短気にござりまして、師匠も、ひたもの意見を致されますれども、直りませぬ。私もこれは悪しき事ぢゃと存じまして、直さうと存じますれども、これが生れ付きでござりまして、直りませぬが、これは何と致したら直りませうぞ。禅師の御示しを受けまして、このたび直したう存じまする。もし直りまして、国元へ帰りましたらば、師匠の前と申し、又私一生の面目と存じませうほどに、御示しに預りたう存じまする。

師の云く、そなたは面白い物を生れ付かれたの。今も短気がござるか、あらば爰《ここ》へ出さしゃれ、直して進ぜう。

僧の云く、唯今はござりませぬ。何とぞ致しました時に、ひょっと短気が出まする。

師の云く、然らば、短気は生れ付きではござらぬわ。何とぞした時、縁によってひょっと、そなたが出かすわいの。何とぞした時も我《わ》が出かさぬに、どこに短気があるものぞ。そなたが身の贔屓故に、むかうの物に取合うて、我《われ》思はくを立てたがって、そなたが出かしておいて、それを生れ付きといふは、親に難題を云ひ掛くる、大不孝の人といふものでござる。（以下略）

では、どうして短気が出てくるのでしょうか？　それについて、盤珪はこう言っています。

　そなたの短気が出まするは、むかうの物がそなたの機に逆《さから》うた時、我思はくのやうになさに、思はくを立てたがって、むかうの物に取合うて、我でに短気を出かしておいて、短気が生れ付きで直らぬといふは、親の産み付けもせぬ難題を、親へ云ひ被《かぶ》する大不孝人といふものでござる。生れ付きならば、今も有るはず、又直さうとするとも、直らぬ筈でござる。生れ付かぬ証拠には、直さうと思へば直りまする。（一部省略）

　そなたの短気といふは、六根の縁に対して、むかう物に取合うて、身の贔屓故に、我思はくを立てたがって、とかく時々に、我が出かすことぢゃわいの。我思はくを立てぬに、どこに短気が出来るものぞ、出来はしませぬわ。さて、すれば、身の贔屓故に我でに迷ふことでござる。これに限らず、一切の迷ひは皆、身の贔屓故に迷ひまする。身の贔屓せぬに迷ひは出来はしませぬ。

短気というものは、何かの縁でふと出てくるものです。もちろん、出てくる回数の多い人と少ない人の差はあります。その意味では性格かもしれません。しかし、短気を性格にしてしまって、それを直そうとすれば、なかなか直りません。それよりは、短気が出てきたときに、その都度、それに対して策を講ずればよいのです。それが盤珪の言っていることだと思います。

▼『法華経』の「諸法実相」

さて、『法華経』（正しくは『妙法蓮華経《みょうほうれんげきょう》』）に、次の言葉があります。少しむずかしくなりますが、しばらく我慢してください。

止みなん。舎利弗《しゃりほつ》よ、また説くべからず。所以《ゆえん》はいかん。仏の成就せる所は、第一の希有《けう》なる難解の法にして、唯《ただ》、仏と仏とのみ、乃《すなわ》ち能く諸法の実相を究《きわ》め尽せばなり。（『法華経』方便品）

――やめよう。舎利弗《しゃりほつ》（釈迦の弟子）よ。説いても無駄である。なぜかといえば、仏が悟った真理は最高にして比類なきものであり、人々が理解できるものではない。ただ仏と仏のあいだだけで、あらゆるものの真実の相《すがた》を究めることができるのである――

じつをいえば、ここに出てくる、

――諸法実相――

が『法華経』の一つの重要なテーマになっています。この諸法実相とは、「あらゆるものの真実の相《すがた》」であって、それはただ仏だけが知っておられ、われわれ人間には知ることができないのです。『法華経』はそのように言っています。

たとえば、ここにコップの水があります。その水をわたしが飲めば、やがてそれが尿となってトイレに流れます。そしてそれが下水となり、海に流れて海水になります。さらにそれが蒸発して雲となり、雨となって地土に落ちます。気温が低いと雪になり、春まで融けずに残っています。このように、水・尿・汚水・海水・雲・雨・雪と、さまざまな状態に変化しますが、では、それがそもそも何であるか、究極的にはいかなる存在か、われわれには分からないのです。ただ仏だけが知っておられる。『法華経』はそう言っています。

これを人間の例で考えてみます。

いま、あなたはやさしい父親（あるいは母親）の状態でいます。しかし、それはたまたまやさしい状態でいるだけであって、明日になれば意地悪な状態、怒り狂った状態になるかもしれません。あるいは短気な状態になるかもしれない。いま、あなたは貧乏な状態でいますが、ひょっとすれば数年後に大金持ちの状態になるかもしれません。あるいは、もっとひどい貧乏な状態になるかもしれない。けれどもそれは状態の変化であって、あなたという存在そのものは不変なはずです。では、あなたという存在はいったい何か？　あなたという存在そのものの真実の相《すがた》（実相）は何でしょうか？　それはわれわれ人間には分かりません。ただ仏だけが知っておられます。それが『法華経』の教えです。

つまり、ここでは、

――存在と状態――

について言われているのです。われわれには存在そのものの真実の相（諸法実相）は分からない。ただいまの状態だけが分かるのだ。そう言っているのです。本当は、いまの状態だってよく分かっていないのですが……。

▼「諸法実相」の生き方

でもね、分からない、分からないと教わったところで、あまりうれしくはありませんよね。では、どうすればいいのか……？　と、わたしたちは問いつめたくなります。そこのところを考えてみましょう。

わたしはこう思います。われわれには諸法の実相は分かりません。わたしたちに分かるのは、せいぜい、それがいまある状態だけです。だとすると、われわれはその状態を無理に変えようとしてはいけない。その状態こそが実相（真実の相《すがた》）だとして、その状態をしっかりと大事に生きればよいのです。それが「諸法実相」の教えです。

だから、慧可が不安であれば、その不安を大事にするのです。

短気な人は、短気の状態になったとき、その短気を大事に生きればよい。盤珪はそう言いたかったのだと思います。

たとえば、あなたが病気になったとき、あなたはその病気を早く治したいと思います。病気の状態を変えようとするのです。けれども、いくらあせっても、病気は治るまでは治りません。いや、あせればあせるほど、病気の治りはかえって遅くなるのではないでしょうか。ならば、無理に病気の状態を変えようとせず、じっくりと病気と付き合ったほうがよいと思います。

いいえ、薬を服んではいけないと言っているのではありません。医師の治療を受けてはいけないと言うのでもない。治療に励んでもよいのですが、明るく、楽しく病気と付き合うのです。

あるいは、あなたが劣等生だとします。それは、たまたまあなたが劣等生の状態に置かれただけの話です。周囲にあなたよりも少し勉強のよくできる者がいるだけのことで、環境が違えばあなたは劣等生にならなかったかもしれません。それはどうでもいいのですが、いまあなたは劣等生の状態にあります。そのあなたは、自分は劣等生であってはいけないと自己否定をして、あくせく・いらいら・がつがつとがんばって優等生になろうとしてはいけないのです。そんな自己否定の上でがんばって生きる人生は、わたしは賛成できません。劣等生であっても、のんびり・ゆったりと努力する。そして毎日を楽しく生きる生き方。そういう生き方こそが諸法実相の生き方だと思います。

▼明るく・楽しく・ゆったり・のんびり

要するに、わたしたちはどんな状態にあってもいいのです。怠け者はよくない——と言われても、いま現在、わたしが怠け者であれば、当分のあいだ（それは二、三日かもしれないし、二、三年かもしれません。それとももっと長くかも……）わたしは怠け者として生きるよりほかないのです。そうであれば、その当分のあいだ、怠け者のままでのんびり・ゆったりと、楽しい毎日を送ればいい。そうして楽しい毎日を送っていれば、少しは性格が変わるかもしれません。それなのに、怠け者であってはいけないと自己否定をして、あくせく・いらいら・がつがつとがんばって生きる生き方・行き方に、わたしは賛成できないのです。そんながんばった生き方は、すぐに息切れがしますよ。

たとえあなたが貧乏であっても、貧乏イコール不幸ではありません。貧乏であっても、幸せに生きている人は大勢おられます。逆に金持ちであっても、不幸な金持ちは大勢おられます。

だいたいにおいて、現代日本の金持ちは、あくせく・いらいら・がつがつと生きています。中途半端な金持ちのほうが、〈もっと欲しい〉〈もっと・もっと〉と欲望だらけになっていいます。むしろ貧乏人のほうが、のんびり・ゆったり・ほどほどに楽しく生きているのではないでしょうか。わたしたちは貧乏な状態にあっても、それを無理に変えようとせず、のんびり・ゆったり・ほどほどに生きようとすべきです。そういう生き方が「諸法実相」のそれなんです。

つまり、「諸法実相」ということは、

——なんだっていい——

わけです。優等生は優等生であっていいし、劣等生は劣等生であっていいのです。金持ち／貧乏人、健康な人／病人、みんなそれでいいのです。こんな自分であってはいけないと考えて、自己改造をしようとしても、まずたいていは息切れします。息切れするどころか、かえって逆効果になり、自暴自棄な生活をするようになりかねません。わたしたちは「なんだっていい」と割り切って、いまある状態のまま、明るく・楽しく生きるようにしましょう。そうすると、そのうちに自分が少しずつ変わってきます。二、三年かかるかもしれないし、二、三十年かかるかもしれません。その二、三年、二、三十年を、明るく・楽しく・のんびり・ゆったり生きましょう。そういう生き方・行き方が、『法華経』の教える「諸法実相」です。

すみません、誤解されそうなので、あわてて弁解しておきます。いまわたしは、「明るく・楽しく・のんびり・ゆったり」と書きましたが、そうではない性格の人もおいでになります。陰気で暗い人もおられる。その人は陰気で暗くていいのです。無理に明るく・楽しく振舞う必要はありません。

みんな、そのままでいいのです。それがわたしの言いたいことです。

▼「馬鹿」と「阿呆」の違い

突然、話が変わりますが、「負んぶお化け」というお化けをご存じでしょうか。大昔、わたしは何かで読んだことがありますが、正確には憶えていません。

若者が川縁《かわべり》に来ると、お婆さんがいて、川を渡してほしいと頼みます。橋のない川で、女性だから川を渡るのに困っているのです。

「ああ、いいよ」

と、若者はお婆さんを負んぶして渡してやりました。

ところが、向こう岸に着いても、お婆さんは背中を降りないのです。「降りなさい」と言えば言うほど、お婆さんはますます背中にしがみつきます。

じつは、このあとの話をわたしは忘れてしまったのですが、話の展開としては二つ考えられます。
A　若者がお婆さんを降ろそうとしたが、お婆さんはお化けだからどうしても降りない。それで、ついに若者が死んじゃったという話。
B　お婆さんはどうしても降りない。それで若者は、〈まあ、いいや〉と考えて、お婆さんを背負ったまま旅を続けた。そのうちに気がつくと、お婆さんはいつのまにかいなくなっていたという話。
で、あなたはAとBのどちらが好きですか？　そう問えば、十人が十人、みんなBを選びます。わたしもBのほうが好きです。だが、じつは、このBは阿呆なんです。

それに対して、Aのほうは馬鹿です。

もっとも、阿呆と馬鹿の違いは、関西と関東とでは逆になります。わたしは大阪生まれなもので、〝阿呆〟のほうが好きなんですが、愚妻は東京生まれで〝馬鹿〟のほうが好きなようです。まあ、ここは、わたしに免じて〝阿呆〟のほうをいい意味に使わせていただきます。

では、阿呆と馬鹿はどう違うでしょうか？

Ａの馬鹿は、問題を解決しようとして（この場合は、お婆さんを背中から降ろそうとして）、結局は失敗する人です。

ときに、うまく解決する人もいますが、その人は賢い人です。でも、賢い人はめったにいません。たいていは失敗に終わる馬鹿なんです。

Ｂの阿呆は、最初から問題を解決しようとしない人です。お婆さんを背中に負んぶしたままでは、たしかに不便です。でも、お婆さんはそれほど重くないのだから、負んぶしたままでもいいではないか。そう考えることのできるのが阿呆です。

阿呆のやり方は、いわば時間による解決法ですね。最初はちょっとは不便であっても、それに馴れてしまえば苦にならないわけで、それはいつのまにかお婆さんがいなくなるのに似ています。問題を解決しようとしないで、問題がなくなってしまうわけです。それが阿呆のやり方です。

わたしたちは、どうも苦しいことが嫌いで、苦しみをなくそうと努力します。しかし、たいていの場合は、苦しみはなくなりません。そうではなくて、苦しみでなくなるのです。つまり、苦をなくそうとするのではなく、苦でなくなればいいのです。それが阿呆のやり方だと思います。

▼雨うけに――笊

禅は、わたしたちに阿呆になれとすすめています。

関山慧玄《かんざんえげん》（一二七七―一三六〇）という、鎌倉から南北朝にかけての禅僧の逸話です。

この人、のちに花園上皇に迎えられて妙心寺を開きましたが、この話は、おそらく彼が美濃（岐阜県）の山中に隠棲していたころのものと思われます。

ある日、にわかの大雨で、本堂に雨漏りがしはじめました。

「何か、うける物を持って来い」

と、慧玄は言いますが、雨漏りがするほどの貧乏寺ですから、バケツなんてあるわけがありません。それで弟子たちは、「何かないか」と必死になってさがしますが、適当な物は見つからず、皆はうろうろ、きょろきょろとしています。

ところが、なかに一人、とっさに勝手元にあった笊《ざる》を持って駈けつけた小僧がいました。

雨うけに――笊。

なんとも奇妙な取り合せです。それに、役に立ちません。

だが、のちになって慧玄は、この小僧さんをえらく褒めあげ、そしてうろうろしていた他の弟子たちは、いたく叱られたというのです。

わたしがこの話をすれば、ときに、「まあ、笊でもないよりはましですね」と言われる方がおいでになります。その人は、関山慧玄の考え方が分かっていないのです。笊なんか、糞の役にも立ちません。しかし、笊よりももっと役に立たないものがあります。何でしょうか？ それは、他の弟子たちがやった「うろうろ、きょろきょろ」です。そんなものより、笊のほうがよい。笊を持って行って、「はい」と師匠に渡す。だって、それしかないのだから、それでいいのです。それで終わり。あとは知らん顔をしている。その小僧さんのほうがいいですね。

ここに、馬鹿と阿呆の違いがあります。

大勢の弟子たちは、問題解決をしようとしたのです。雨漏りがしているから、それをなんとかしたいと思った。でも、雨漏りのする貧乏寺で、問題解決はできません。にもかかわらず問題を解決しようとする。大勢の弟子たちは馬鹿なんです。

それに対して、笊を持って駈けつけた小僧さんは、阿呆です。彼は問題解決できないことを知っています。問題解決というのは、雨漏りしないようにすることです。師匠の慧玄だって、問題解決できないことをよく知っています。だから笊でいいのです。いや、笊でもいい。なんだっていいのです。そして「はい」と渡して、あとは知らん顔。わたしはそれが禅だと思います。禅というのは、問題を解決せずに、のんびり・ゆったりと生活することです。わたしはそう思いますね。

▼「おお、恐い、恐い」

その関山慧玄が、のちに天龍寺に夢窓疎石《むそうそせき》（一二七五—一三五一）を訪ねたときの話です。関山は妙心寺の開山で、夢窓は天龍寺の開山です。

関山は夢窓に禅問答を挑みます。

「迦楼羅《かるら》が大空を舞うとき、天龍はどこにいるか？」

迦楼羅は仏典に出てくる空想の大鳥で、金翅鳥《こんじちょう》とも呼ばれます。サンスクリット語だとガルダ。口から火を吐き、龍を取って食うといいます。関山は自分を迦楼羅になぞらえ、天龍寺の夢窓を龍と見て、この問答をしかけたのです。つまり、

「おまえの天敵である迦楼羅が大空を舞っているぞ。おまえに死が迫っているぞ。そのとき、龍であるおまえはどこにいるか？」

と挑みました。

すると夢窓は、すぐさま、

「おお、恐い、恐い」

と言いながら、屛風の後ろに隠れました。

夢窓のこの態度を見て、関山は夢窓に礼拝したと伝えられています。

これもなかなかいい話ですね。誰だって死は恐いのです。その恐いものを、本当に恐がることのできる人間が、真の禅僧だと思います。関山も夢窓も、それができた禅僧ではないでしょうか。

この関山の最期に関しては、次のように伝えられています。

彼は長らく病床にあったのですが、ある日、

「どうやらお迎えがまいったようじゃ」

と言って、病床から起き上がり、みずから旅仕度をし、杖をつきつつ寺を出て行きます。弟子たちはそれを見送ります。ところがものの三十歩ほど歩いたところで、関山は杖にもたれてじっとしています。

不思議に思った弟子たちが駈けつけてみると、関山はそのまま死んでいました。

これを立亡《りゅうぼう》というそうです。

▼どんな死に方でもいい

しかしながら、このような関山の死だけが禅僧の死ではありません。

明治の傑僧といわれた、臨済宗天龍寺派の管長の橋本峨山《がざん》（一八五二―一九〇〇）の臨終は、禅僧にしてはいささか風変わりでした。いや、これもまた禅僧らしい死です。息を引きとる間際、峨山は弟子たちの全員を集めます。そして、

「おまえたち、よく見ておくがよいぞ。ああ、死ぬということは辛いもんじゃ。死にとうないわい。死にとうないわい」

と言いつつ、峨山は死んでいったのです。

彼は弟子たちに、人間の死の苦しさをしっかりと教えたのでした。

また、江戸時代に仙厓義梵《せんがいぎぼん》（一七五〇―一八三七）がいます。書画をよくし、その禅味あふれる小画に短い自賛をつけた禅画は、近年は海外にまで紹介され、高い評価を得ています。

仙厓は八十八歳で示寂しましたが、その死の床を弟子たちが取り囲んでいました。そのうちの一人が、

「和尚さま、最期に、何かいい言葉をお遺しください」

とお願いします。すると和尚は、

「死にともない、死にともない」

と言います。

「天下の名僧ともあろう方が、そんな見苦しいことでは困ります。もう少しましなことを言ってください」

と、もう一度お願いしたところ、仙厓は、

「ほんまに、ほんまに」

と言ったそうです。禅文化研究所編著の『禅門逸話集成』に収録されている話です。

わたしたちは、従容として死に就きたいと願っています。でも、それができるか／できないか、思うがままになりません。思うがままにならないことを、思うがままにしようとするのは、所詮おかしな欲望です。わたしたちは、本来のことは思うがままにならないと明らめて、現在をしっかりと生きるべきではないでしょうか。

いや、わたしたちにとって、死に方なんてどうだっていいのです。関山慧玄のように立亡しようが、仙厓義梵や橋本峨山のように、「死にたくない、死にたくない」と言いつつ死のうが、どちらでもよいのです。死に方なんてどうだっていい——と悟るのが、わたしは禅の悟りだと思います。

▼死に神の都合

その点では、明治の俳人、歌人であった正岡子規（一八六七―一九〇二）がいいことを言っています。彼は脊椎カリエスのため、三十歳前から三十四歳で死ぬまで、ほとんど病床にありました。その病床で、ある日、彼は忽然《こつぜん》と気づきます。

> 余は今迄《まで》禅宗の所謂《いわゆる》悟りといふ事を誤解して居た。悟りといふ事は如何《いか》なる場合にも平気で死ぬる事かと思つて居たのは間違ひで、悟りといふ事は如何なる場合にも平気で生きて居る事であつた。（『病牀六尺』）

これはすごい言葉です。どんなに見苦しくても生きていく。それができれば禅なんですよね。

わたしたちは、死に対して何か準備をしておかねばならないと思っています。知らず知らずのうちに、そう思わせられているのです。しかし、それはまちがいで、死は向こうのほうから勝手に押しかけて来ます。こちらに準備なんて要りません。

テヘランの寓話というのがあります。テヘランはイラン（旧称ペルシア）の首都です。

ある大金持ちが、数人の召使いを連れて旅行しています。ところが、その召使の一人が、突然、真っ蒼になって震えだします。理由を訊くと、いま死に神に会って、「おまえも今夜死ぬ」と脅されたそうです。それで大金持ちはその男に一頭の駿馬を与えて、旅先からテヘランに逃がしてやりました。

そのあと、金持ちは死に神を見かけたので、死に神に言いました。

「おまえはひどい奴だ。わしの召使に〝今夜死ぬ〟と脅したというではないか」

「いやあ、脅されたのはこちらですよ。わたしはあの男に、今夜テヘランで会うことになっていたのに、いまごろの時間、まだこのあたりをうろついているのですから……」

そう死に神が答えたそうです。逃がれられない運命は、どうしても逃がれられないですね。だとすれば、わたしたちは死に対して何の準備も不要です。死は向こうのほうから、勝手にやって来るのです。死がやって来るまでは、わたしたちは好きなように生きていていいのです。

以前、高名な作家が、

「もしも自分ががんになって、あと半年の寿命だと言われたら、その余命において、何が大事なことであり、何がどうでもいいことだとしっかりと判断して、大事なことをするようにする」

と書いておられるのを読んだことがあります。読んだときは、〈なるほど〉と、その作家に共鳴しました。だが、次の瞬間、〈嘘だ〉と思いました。

その作家は、死の準備をしようとしておられるのです。そして、たぶん賢い人なんでしょう。死の準備をして、ある意味での死の克服をされようとしておられます。しかし、わたしは、阿呆になろうと思います。あと半年の寿命だと告げられたら、これまで通りつまらぬことをやり、泣いたり、わめいたり、腹を立てようと思っています。わざわざこちらが対応せずとも、死に神は向こうの都合で勝手にやって来るのですから。それが阿呆のやり方だと思います。

▼問題を解決しようとしない

ちょっと話題を変えましょう。わたしは、

馬鹿は……問題を解決しようとして、それに失敗する人。ただし、問題を解決しようとして、ときに成功する人もいます。その成功した人は賢い人です。もっとも、賢い人はめったにいませんが……。

阿呆は……問題を解決しようとしない人です。自分には解決能力なんてないと考えて、問題を抱えたまま生きていく人です。

いちおうそのように区別しました。これはこれでいいと思います。ところで問題は、「問題を解決する」ということはどういうことなんでしょうか？　その点をもう少し突っ込んでみたいと思います。

問題を解決しようとすることは、状態の変更を目指すことです。

いま、あなたが貧乏な状態にあるとします。その貧乏な状態を問題視して、金持ちの状態にあこがれ、金持ちになろうと努力するのが馬鹿です。考えてみてください。あなたの収入をすべて蓄積したところで、あなたは金持ちにはなれません。ひょっとして宝くじに当たるかもしれない……と思うかもしれませんが、それじゃあ何百万円も宝くじを買いますか？　そんな宝くじを買う人は馬鹿です。けちけちして、収入のすべてを蓄積する人は、もっと馬鹿です。だから、馬鹿にならずに阿呆になりましょう。

阿呆は、いまある状態をそのまま楽しく生きる人です。病気の状態にあれば、病気の状態のまま楽しく生きようとするのが阿呆のやり方です。

ある僧侶から聞いた話です。彼がお勤めに行くと、玄関でお坊さんの顔を見た孫が、奥に向かって、

「お婆ちゃん、お坊さんが来てくれたんやで。早よ死ねや」

と言って家を飛び出して行ったそうです。そのあとそのお婆ちゃんと話をすると、

「あれは孫の言葉じゃない。嫁が言わせている言葉だ」

と、さめざめと泣いていたそうです。そしてお婆ちゃんは、

「この家だって、お爺ちゃんが買って、お爺ちゃんの死後はわたしの名義になっている。息子たちはわたしの家に住まわせてもらっているのに……」

と、文句ばかりを言っていました。

たしかに、「早よ死ねや」と言う孫は悪いと思います。けれども、そのお婆ちゃんだって悪いのではないでしょうか。家の中に病人がいるだけで、家全体が暗くなります。しかし、その病人が、病気を苦にせず、明るく陽気に生きていたらどうでしょうか。孫が親から学校の成績がよくないと叱られているとき、あとでこっそり、

「おまえのお父さんだって、小学校も中学校も劣等生だったんや。劣等生であっても、そんなに困るわけがないいんや。安心しておいで……」

と言ってあげれば、お孫さんもお婆ちゃんを好きになるでしょう。

でも、考えてみたら、昨今の年寄りは、みんな世間の物差しで生きています。貧乏は悪い。金持ちにならねばならない。劣等生は悪い。優等生にならねばならない。そんな世間の物差しだけで生きています。昔の年寄りは、人生経験でもって世間がそれほど信用でき

ないものであることを知っていたのに、現代の老人は世間を馬鹿にすることを知りません。おっと、〝馬鹿〟という言葉を、この章では少し定義を変えて使っていますね。だから〝馬鹿にする〟と言うのはやめにして、昨今の年寄りは世間を笑い飛ばすことを知りません。そう言い換えておきます。

だから阿呆になるべきです。阿呆になって世間を笑い飛ばして、自分がいまある状態のまま、明るく・楽しく・のんびり・ゆったりと生きるべきです。状態の変更なんて考えないほうがいいですよ。明るく・楽しく・のんびり・ゆったりと生きていれば、いかなる状態であろうと苦になりません。そういう苦にしない生き方を、禅はすすめているのです。

▼世間の常識からの解放

わたしがいつも言っていることですが、引籠りといった問題も解決しようとしないほうがいいと思います。

なぜその人が引籠りになったか、さまざまな因縁があるのです。一つや二つの原因があって、その原因を取り除けば引籠らずにいられる。そう考える人は多いのですが、そうではありません。引籠りになった原因、あるいは因縁というべきものは、インド人式に言うならば八万四千あります。あるいは日本流に言えば八百くらいあるといってよいでしょう。

そのような八万四千、八百の因縁を、全部変えられませんよね。だから、引籠りの状態を無理に変えようとしないほうがいいのです。

引籠りは引籠りのまま、明るく・楽しく・のんびり・ゆったりと生きればいいのです。

引籠りの子を抱えて、さんざんに苦労された両親から話を聞きました。

彼は中学二年から不登校になったのですが、最初、父親はその子を殴ったりして登校させようとしました。「それが、のちにはこちらが殴られるまでになりました」と、親は言っておられました。精神科医に相談したり、いろいろと方策を講じたのですが、結局はだめでした。

そして、彼は凶暴性を帯びるようになります。夜中に暴れ回り、奇声を発したり、窓ガラスを割ったり、もう滅茶苦茶な状態です。

六年後、夫婦で話し合いました。二人が達した結論は、

「この子が引籠りであれば、引籠りであっていいや」

というものです。引籠りはよくない。その状態を変えなければいけない。といった強迫観念にも似た思い込みを捨てたわけです。

「そのとたん、子どもは変わりました。引籠りをやめたわけではありませんが、やさしくなりました。ときに台所に来て、〝お母さん、何か手伝おうか〟と言ってくれるようにな

りました」

そのように両親が話してくれました。

つまり両親は、引籠りは悪いことだ。引籠っていてはいけない。そういった世間の常識に雁字搦《がんじがら》めに縛られていたのです。その雁字搦めから両親は自由になりました。引籠りであっても、まあいいではないかと、世間の常識から解放された。

両親が世間の常識を捨てたとき、息子も世間の常識から解放されたのです。この話は、そういうことを物語っています。

▼「繋驢橛」

禅の言葉、というより森田療法の言葉なんですが、

――繋驢橛《けろけつ》――

があります。森田療法というのは、森田正馬《まさたけ》（一八七四―一九三八）が開発した神経症の治療のための心理療法です。

〝橛〟というのは杙《くい》です。驢馬《ろば》が杙に繋がれています。その状態から逃れようとして杙の周囲を驢馬はぐるぐる回っています。そうするとだんだんに紐《ひも》が短くなり、ついには身動きができなくなります。それが繋驢橛です。神経症の「とらわれ」の状態もこれと同じな

自縄自縛だというのが、森田療法で言われていることです。

問題を解決しようとして、ということは自己の状態を変えようとすることですが、わたしたちはかえって紐を短くしてしまう。馬鹿ですね。問題を解決しようとしなければ、紐はある程度の長さがあり、その範囲内ではあるけれど自由に動き回れるわけです。不登校になっても、ただ学校に行かないだけです。紫式部や清少納言の時代に学校なんてありませんでした。それなのに、無理に学校に行かせようとするから、繋驢橛になってしまうのです。

馬鹿ですねえ。やはり阿呆になったほうがよいと思います。阿呆になって、現在あるだけの自由を楽しめばよい。それ以上の自由が得られても、かえって困るかもしれません。所詮、人間は本質的に不自由なんです。それを、本質的な自由を得ようとするから、自縄自縛になってしまうのです。

江戸時代後期の禅僧に風外本高《ふうがいほんこう》（一七七九―一八四七）がいました。人呼んで〝たこ風外〟。それは、彼が禅画を描き、その落款《らっかん》が蛸《たこ》がおどけた格好によく似ていたからです。

風外が大坂の円通寺の住職をしていたときです。この円通寺は荒れ寺で、本堂も庫裡《くり》も傷み放題に傷んでいました。しかし風外は、そんなことにいっこう頓着せず、飄々《ひょうひょう》と坐禅ばかりしていたといいます。

そこに、大坂屈指の大金持ちの川藤太兵衛が訪ねて来ました。商売の上での悩み事の相談に来たのです。

太兵衛は、進退窮まった現況を縷々《るる》説明します。

けれども、風外はあらぬ方角ばかりを眺めていて、太兵衛の言葉を聞き流しにしています。じつは先程、一匹の虻《あぶ》が部屋に飛び込んで来て、部屋から出ようと障子《しょうじ》にぶつかっては落ち、また飛び上がって障子にぶつかるのです。同じことを、虻は繰り返しています。風外はそれを飽きもせず眺めています。

たまりかねて太兵衛は言いました。

「和尚さん、わしの悩みをもう少し真剣に聞いてください。そして、ご助言をください」

「いや、太兵衛さん、あの虻を見てごらん。こんな破れ寺じゃから、虻はどこからでも外に逃げ出すことができるんじゃ。それなのにあの虻、同じ場所から外に出ようとして、障子にぶつかってばかりいる。あんなことをしていると、あの虻は死んじゃうよ。しかしだね、太兵衛さん、あの虻と同じようにやっている人間も、あんがい多いようだね」

風外のその言葉で、川藤太兵衛は救われました。

この虻は、つまりは繋驢橛の状態になっているのです。

▼未来に対する人間の権利放棄

それから、阿呆は未来のことをあまり考えません。

『新約聖書』の「マタイによる福音書」（6）に、

　だから、明日のことまで思い悩むな。明日のことは明日自《みずか》らが思い悩む。その日の苦労は、その日だけで十分である。

といった、イエスの言葉があります。これはまさに阿呆の精神です。人間は、未来のことをあまり心配する必要はないのです。いや、明日のことを考えてはならないのです。これは命令なんですね。

さらにイスラム教の『コーラン』には、

　また、なににつけ、「私はそれを明日なすであろう」と決して言ってはならない。

（18：23）

ただし、「アッラーが御望みなら（イン・シャーァ・アッラー）」が（言い添えて）

あれば別である。……。(18：29)

とあります(中田考監修『日亜対訳　クルアーン』作品社、による)。この「イン・シャー・アッラー」(正確には〝イン・シャーァ・アッラー〟と発音されるようですが)はよく聞かれる言葉です。イスラム教徒と約束をするとき、彼らはそこに「イン・シャー・アッラー」を付け加えます。そして、たいていの場合、その約束を守りません。かりに「明日、十時に会おう」と約束をしても、十二時ごろやって来たり、あるいはまったく来なかったりします。だからこの言葉は破約の言い訳と思っていたのですが、そうではないのです。こちらのほうが「十時に行くよ」と言っても、イスラム教徒のほうが、「はい、来てください。イン・シャー・アッラー」と言ってくれます。

要するにイスラム教徒は、未来のことを決められるのはアッラーだと信じているのです。人間がいくら約束を守ろうとしても、たとえば大地震が起きて交通機関がストップすれば、行くにも行けなくなります。だから、行けるか／行けないか、約束を守れるか／守れないか、すべてアッラー次第です。それが「イン・シャー・アッラー」の言葉です。

これはキリスト教にも通じる考え方です。イスラム教やキリスト教のような一神教においては、未来は本質的に神の権限に属するもので、わたしたち人間がそれを勝手に動かし

たり、変更したりすることはできないのです。だから、

——未来に対する人間の権利放棄——

が、一神教の世界での「あたりまえ」になります。

この一神教の考え方がまったく分からないのが日本人です。それ故、日本人は、

なせばなるなさねばならぬ何事も
ならぬは人のなさぬなりけり

と言ってしまいます。この歌は、江戸時代、米沢藩主であった上杉鷹山《ようざん》（一七五一—一八二二）のものです。彼は、人間の努力次第で何でもできると信じています。それは馬鹿が信じることです。

▼趙州の「喫茶去」

しかし仏教は、神なき宗教です。それ故、未来に対する神のオールマイティーな権限を認めません。

でも、仏教においても、未来に対して人間は権利を放棄します。放棄せざるを得ないの

です。ただひたすら現在を生きればよい。それが仏教の考え方であり、禅の教えです。

たとえば、中国、唐代の禅僧に、趙州従諗《じょうしゅうじゅうしん》（七七八—八九七）がいます。生没年を見て分かるように、この人、百二十歳まで長生きした人です。中国禅僧の中で最高峰に位置する高僧とされています。

この趙州を訪ねて、いろんな僧がやって来ます。

すると趙州は問います。

「あなたは、以前、ここに来られたことがおありですか？」

それに対する答えはまちまちです。「はい、来たことがあります」「いいえ、はじめてです」「三度目です」と。

ところが、そのいずれの答えに対しても、趙州は、

喫茶去《きっさこ》。


と応じます。この〝去〟は助辞《じょじ》であって、意味のない文字です。ですからこれは、「まあ、お茶でも召しあがれ」といった意味です。

なぜ、趙州は、誰に対しても「喫茶去」と言うのか？　じつは、この「喫茶去」こそが

禅の真髄だからです。

一杯のお茶をおいしく飲む。明日のことなんか考えずに、茶を飲むときはひたすら茶を飲め！　それができたら一人前だ。趙州はそう教えたかったのです。わたしはそのように解しています。


江戸時代、円覚寺に誠拙周樗《せいせつしゅうちょ》（一七四五―一八二〇）がいました。深川木場の材木問屋白木屋の一人娘が大病にかかり、医者も匙を投げるありさま。それで親は円覚寺の誠拙に、娘が助かるようにお経を読んでほしいと頼みます。

「よろしい、読んであげよう。そのかわり、お布施はたっぷりはずみなさいよ」

と、誠拙は言います。そしてそのお布施――金百両と米百俵――を前金で払ってくれと注文をつけました。娘のためですから、白木屋の主人は言われた通りにします。

金百両と米百俵が鎌倉の円覚寺に送られたあと、誠拙は娘さんの所に言って、こう言いました。

「おまえさんは死ぬんだね。こんな金持ちの家に生まれて、その栄華も受けずに死ぬなんて、気の毒なことじゃ。しかし、定命というものは神でも仏でも変えられん。死ぬときは死ぬのだから、しっかり死になさい。

だが、おまえさんは幸福者じゃ。わしはいま、金百両と米百俵を鎌倉に送った。これは円覚寺の雲水たちの胃袋にはいる。円覚寺には五、六十人の雲水がいるが、この中には五人や六人は真の仏になる奴がおる。そうだとすれば、おまえさんはその仏と縁を結んだんだ。ありがたいことじゃ。安心して死になされ」

それだけを言って、誠拙は帰ってしまいました。

白木屋の主人はむくれます。これじゃあ、お布施のただ取られです。おまけに娘に、「死ね、死ね」と言ったのですから、ひどい話です。

けれども、娘のほうは誠拙の言葉で大安心を得たのでしょう。その結果、彼女の病気はけろりと治ってしまったといいます（『禅門逸話集成』による）。

いい話ですよね。死ぬときはしっかりと死ぬ。それが趙州の「喫茶去」です。

▼即今・当処・自己

日本曹洞宗の開祖の道元（一二〇〇―五三）に関する逸話です。彼が天童山で修行中の出来事です。

炎天下で、笠もかぶらず椎茸を乾かしている典座《てんぞ》がいました。〝典座〟というのは、禅寺で食事係の僧をいいます。道元が年を尋ねると、六十八歳という返答。その老典座の様子があまりにも苦しそうなので、道元は言いました。

山僧云う、「如何《いか》んぞ行者《あんじゃ》・人工《にんく》を使わざる」と。座《ぞ》云う、「他は是《こ》れ吾《われ》にあらず」と。山僧云う、「老人家、如法なり。天日且つ恁《か》のごとく熱《あつ》し、如何《いか》んぞ恁《かくのごとく》地にする」と。座云う、「更《さら》に何《いず》れの時をか待たん」と。山僧、便《すなわ》ち休す。（『典座教訓』）

行者《あんじゃ》は、老僧の身の回りの世話をする見習い僧で、人工《にんく》は禅寺にいる在家の使用人。六十八にもなられる老僧が、そんな雑用をするなんておかしい。行者や人工にやらせればいいではありませんか。道元はそう老典座に言ったのです。

すると彼は、

《他は是れ吾にあらず》

と答えました。他人はわたしじゃない。ということは、これはわたしの修行なんだ。わたしの修行を他人にやらせるわけにはいくまい、ということです。

われわれは日常、どうしてこんなことを俺がしなければならないのだ!? と、ぼやくことがあります。でも、諸般の事情でそれをわたしがすることになれば、それはまさしくわたしの仕事なんです。だから一所懸命にそれをすべきです。老典座はそのことを言ったのです。

で、道元は、「老人よ、おっしゃる通りです」と言っています。「だが……」と、道元はそれに付け加えて言います。「いまは太陽がこんなにも熱い。どうしてこのようになさるのですか？」と。つまり、もう少し涼しくなってからすればよいではありませんか、と言ったのです。

《更に何《いず》れの時をか待たん》

それが老典座の返答です。「いまを外して、いったいいつやればいいのだ⁉」と言うのです。

《山僧、便ち休す》と道元は告白しています。わたしは絶句せざるを得なかった。そういう意味です。

わたしたちはしばしば「あとで、あとで」と言います。やらねばならぬ仕事を、一寸延ばしに先送りします。そして、どうしてもそれをやらねばならなくなったとき、「いやだ、いやだ」と呟やきながらやります。

まさに馬鹿げたやり方です。

この老典座が道元に教えたことは、禅というものは、

——即今《そっこん》・当処《とうしょ》・自己《じこ》——

だというのです。即今は「いま」、当処は「ここ」。いま・ここで・わたしがなすべきことをする。ただそれだけです。老典座が言うのは、まさに「即今・当処・自己」です。

しかし道元は、この老典座の教えを完全には理解できなかったと思います。彼がこれを完全に咀嚼《そしゃく》できるほどには、もうしばらくの時間が必要でした。

3

ただ狂え！

▼世間と闘うための武器

『閑吟集《かんぎんしゅう》』という歌謡集があります。室町後期に編纂されたもので、編者は未詳です。庶民の生活感情を伝えた、当時の歌が収録されています。

世間《よのなか》は　ちろりに過《すぐ》る　ちろりちろり

たとえば、こんな歌があります。〝ちろり〟はまたたくまの意。わたしはいま八十すぎの老人ですが、八十年なんてまたたくまに過ぎてしまいました。

『閑吟集』の中で、わたしのいちばん好きな歌が、

何せうぞ　くすんで　一期《いちご》は夢よ　たゞ狂へ

です。何になるというのだ、まじめくさって生きてみても、人間の一生なんて夢みたいなもの。ただ狂え！　そういう意味です。

〝くすむ〟というのは、まじめくさることです。室町時代の庶民は、みんなまじめに生きていたのです。いや、室町時代にかぎらず、いつの時代でも庶民はまじめに生きていました。まじめに生きるよりほか、術《すべ》がないからです。けれども、いくらまじめであっても、それで報酬があるわけではありません。庶民の生活は苦しい。だから、その苦しさの中で、

「ただ狂え！」

と言うよりほかなかったのです。いっそ狂ったほうがましだ。庶民はそう叫びたくなります。それがこの歌です。わたしはそう叫びたくなる庶民に同情します。

庶民は、いつの時代にあっても弱者です。そして弱者に対しては、世間は冷酷です。世間は強者が得をし、のさばるようにつくられています。

そうすると、弱者は世間と闘って生きねばならなくなります。

いや、そうは言えませんね。世間と闘って生きる弱者は数少ない。ほとんどの弱者は、世間から圧迫されながら、なおも世間に迎合しようとしています。いま政権を握っている与党に投票することが、まさに世間に迎合していることなんですが、多くの人はそれに気づいていません。わたしは、これまで一度も与党に投票したことはありません。

そんなことはどうでもいいでしょう。弱者は世間と闘って生きるべきだ。わたしはそう思います。

けれども、これまでにも述べてきましたが、世間はしたたかです。わたしたちがそう簡単に闘える相手ではありません。まともに闘おうとすれば、われわれは負けてしまいます。負け犬になります。

そこで、わたしたちが世間と闘うためには、特殊な武器が必要になります。

その特殊な武器は、「狂う」ということです。この3章においては、「狂い」について論じようと思います。

▼どちらが狂っているか？

世間と闘うといっても、真っ向から闘争を挑む必要はありません。そんなことをすれば、簡単にひねりつぶされてしまいます。前にも言いましたが、世間を馬鹿にすればいいので

す。世間を笑い飛ばせばいいのです。世間に向かって、

「はい、はい、あなたが言われる通りです。あなたの言われることにまちがいはありません。でも、わたしは狂っていますから、あなたの言う通りにはしません。損をしたって、軽蔑されたって、狂っているわたしは好きなようにやります」

と言うことができれば、世間を馬鹿にしたことになります。そういう闘い方だってあるのです。

いや、狂っているのはどちらでしょうか……？　あなたが狂っているか／世間が狂っているか？　わたしは、世間のほうが狂っていると思います。

これは、なだいなだ著の『神、この人間的なもの』（岩波新書）に書かれている話です。精神科医であったなだいなだは、大学の同級生に会い、その同級生からこんな話を聞きます。同級生は、閉鎖病棟にいた患者を開放病棟に移し、清掃の仕事をやらせます。じつはこの患者は、「俺は天皇だ」といった妄想を抱いている男でした。敗戦後、まもなくのころでした。

なだいなだの同級生は、その患者が、「天皇になにをさせるつもりか」と怒りださないかと心配だったのですが、患者は清掃の仕事を喜々としてやっています。

そこで、ある日、同級生は患者と次のような問答をしました。問答の部分だけを紹介し

ます。

「あんたはほんとうに天皇なのか」

「わしは、ほんとうの天皇だ。間違いないよ」

「こんな仕事をほんとうの天皇だったらやるかな。そもそも今宮城の中にいるお方はだれなんだ」

「あれは偽者。わしだけが知っている秘密じゃよ。終戦の日、わしが身代りになってくれと頼んで、置いてきたのだから」

「ではあんたは、なぜ、宮城から脱け出したのか」

「わしは今度の戦争で、天皇として何百万の国民を死なせた。国民から、何百万の夫を、息子を、父を奪った。何百万の家族の家を焼かせた。そのわしが、のうのうと宮城の中で暮らしていられるか。外に出れば、迫害と恥辱と困窮とが待ち受けているのは承知の上だ。でも、なんでも耐えようとこころに決めて、あえて出てきたのだ。少しでも国民に対する罪滅ぼしになればいいと思ってな」

これを読んで、わたしは分からなくなりました。世間の常識では、患者は異常です。だから病棟にいるのです。けれども、言っていることはいたってまともです。むしろ彼のほうが正常で、世間のほうが狂っているのではないでしょうか⁉　わたしはそう思います。

だとすると、「狂う」ということは、むしろまともになることではないでしょうか⁉　世間が狂っていれば、われわれは狂うことによってまともになれる。そういうふうに言えそうです。いや、ちょっと待ってくださいよ。狂った世間から狂うことによって、狂いが倍化される心配もありますね。しかし、世間の狂いはあまりにもひどいものですから、狂いから狂うことによって正常になれる。その確率のほうが高そうです。

だから、狂いましょう。大いに狂いましょう。そして世間を笑い飛ばしてやりましょう。それがわたしの提案です。

▼生きぼとけに抱かれる

狂った禅僧といえば、一休（一三九四—一四八一）がいます。室町時代の臨済宗の禅僧です。一休は道号で、僧名は宗純《そうじゅん》といいます。

一休には数多くの逸話・伝説があります。だが、その逸話の大部分は、江戸時代になってつくられたものです。江戸時代といえば、一休の死後二百年になります。二世紀ものちになって盛んに逸話・伝説が生産されるところに、彼の庶民的人気があります。われわれが知っている「とんちの一休さん」のイメージも、江戸時代に成立したものです。

最初に、その一休の逸話の一つを紹介します。

ある日、一休の庵室に、彼の俗弟子である孫右衛門という男の奥方が訪ねて来ました。桜の季節です。この奥方がなんとなく長居しているうちに夕方になり、庵室も薄暗くなってきました。

で、奥方は帰ろうとします。

ところが一休は、

「いや、今夜は一晩、ここにお泊まりなさい」

と言います。明らかに不倫の誘いです。

当然、奥方は腹を立てます。わたしは人妻です。そんなこと、できるわけがないじゃありませんか⁉ それに、あなたはご出家。世間で高僧と呼ばれる禅僧。その禅僧が人妻を口説くなんて、恥ずかしくありませんか⁉ 彼女はぷりぷりしながら帰りました。

そして帰宅して、夫に事の次第を話します。

だが、夫は言いました。

「おまえね、一休禅師といえば、世間で〝生きぼとけ〟と呼ばれている名僧なんだよ。そんな名僧に抱かれるなんて、この上ない名誉なことだ。おまえ、もう一度訪ねて行って、抱かれておいで……」

夫に言われて、奥方は気を変えます。再び化粧して、一休の庵室を訪ねました。

「トントン」

「どなたかな……?」

「わたくしです。孫右衛門の妻です。先程は失礼しました。戻って参りました」

「おや、そうかい。だがのう、わしの欲情はとっくに醒めてしまったものでのう……。まあ、お家《うち》にお帰りなさい」

この話は、『一休諸国物語図絵』(巻三)に出てくるものです。

読者はどう思われますか? 狂っているのはどちらでしょうか?

たしかに一休は狂っています。僧でありながら人妻を口説く。いえ、僧でなくて俗人であっても、人妻に言い寄るなんて、もってのほかです。それに、まじめに恋をしたのならまだしも、たんに一夜の浮気です。ちょっと時間がたてば醒めてしまうような欲情でもって人妻に不倫をさせようとするのだから、けしからんことです。一休の行為には弁護の余地はありません。

したがって、一休は狂っています。わたしもそれを認めます。

しかし、一休は狂っているとしても、彼を狂っていると断定する世間の物差しも狂っていませんか⁉　世間のほうはまともでしょうか……？

そうじゃないですよね。世間のほうがもっともっと狂っています。

だってね、「わたしは不倫なんてできません」と偉そうなことを言っておいて、夫に「生きぼとけに抱かれるとは名誉なことだ」と言われて、のこのこと抱かれに行く。そんな人妻は狂っていませんか。

「抱かれてこい」と言う夫も夫です。もっとも、この夫に関しては別の解釈もあります。夫は一休の人柄と考えをよく知っていて、一休を信頼していた。それで妻に禅の考え方を教えるために、わざと「抱かれておいで」と送り出したという解釈です。その解釈のほうが禅らしいですね。だから、夫の言葉は不問にします。

問題は妻の行動です。

この妻の行動は典型的な世間の常識です。わたしは、その世間の常識のほうが狂っていると思います。

▼絵の中の虎を縛る

世間の常識だと、世間のほうは「まとも」であり、その世間の「まとも」から外れた人を「狂っている」とします。しかし、世間が「まとも」である保証はどこにもありません。

一休は世間の常識を基準にして「狂っている」とされましたが、一休に言わせれば、世間のほうが狂っているのです。わたしはそう思います。

まあ、ちょっと一休について見てみましょう。

一休が後小松天皇の落胤だとする説があります。これを疑う学者もいますが、酬恩庵（通称は一休寺。京都府京田辺市）にある一休の墓は宮内庁が管理をしています。ということは、宮内庁は一休を皇族と扱っているのです。

一休の母に対する後小松天皇の寵愛は格別でした。ところが彼女が南朝側に属し、天皇の命を狙っていると讒言《ざんげん》する者があり、それで彼女は宮中から追放されて、洛西の嵯峨の民家で一休を産んだ。そういうことになっています。しかし一休自身は、そのことを語っていません。

さて、一休は六歳で京都安国寺の侍童となります。当時の彼の名前は〝周建〟です。でも、いちいち使い分けるのも面倒ですから、われわれは〝一休〟で押し通すことにします。先に言ったように、この少年時代を含めて、一休には数多くの伝説・逸話が伝えられています。

八歳の一休が前《さきの》将軍足利義満に招かれて、鹿苑寺《ろくおんじ》（金閣寺）に行きます。義満は一休に言います。

「あの衝立《ついたて》に描かれている虎が、夜になると暴れ回って困っておる。そこでそなたに、あの虎を縛ってもらいたいのじゃが……」

すると一休は、「では、丈夫な縄を用意してください」と頼みます。そして、縄を持って衝立の前に立ちました。

「さあ、用意はできました。どなたでも結構です。どうか虎を追い出してください」

「おいおい、無茶を言うな。絵の中の虎が出てくるものか⁉」

「出てこないものは、一休には縛れません」

これで勝負あった――です。

これは頓智話として伝えられていますが、なかなかどうして禅の真髄を衝いています。以前に話した達磨の「安心」論がそうですし（四六ページ参照）、盤珪の「短気」論もそうです（四八ページ参照）。虎は、衝立から出て来たときに縛ればいいのです。一休はそのことを言っています。

▼「風狂」の禅者

一休は「風狂」の禅者と呼ばれています。〝風狂〟とは、『広辞苑』は《風雅に徹すること》としています。

この「風狂」の語を最初に一休に冠したのは、彼の師の華叟《かそう》でした。

応永二十九年（一四二二）、大徳寺如意庵で、華叟の師の言外宗忠和尚の三十三回忌が営まれたときです。大勢の僧たちは盛装に威儀を正して列席しています。だが、このとき二十九歳の一休は、色褪せた黒染の衣にすり切れた草履です。「なぜ盛装せぬか？」と華叟に問われた一休は、

「あんなニセ坊主（贋緇《がんし》）の仲間入りはごめんです」

と、吐いて捨てるがごとくに言いました。そのあと、休息している華叟に一人の僧が尋ねます。「和尚百年ののち、法を伝えるのは誰ですか？」と。それに間髪を入れずに華叟が答えたのが、

風狂と道《い》ふと雖《いえど》も、箇《こ》の純子〔宗純。すなわち一休〕あり。

の言葉でした。『東海一休和尚年譜』にある話です。〝あいつは狂っとるが、あいつは本物だぜ〟。華叟は一休をそれほど買っていたのです。

盛装といえば、こんな逸話もあります。

あるとき、一休は、京都の富家の法事の導師を頼まれました。

「ああ、よしよし」と、彼は気軽に引き受けましたが、どこからか汚らしい着物を見つけて来て、手足には煤《すす》をつけ、菰《こも》をかぶって、乞食のような格好でその富家を訪れます。驚いたのは主人です。「見苦しい奴じゃ。追い払え！」と、使用人をして一休を叩き出させました。もちろん、それが一休だと知るわけがありません。

そのあと、一休は金襴《きんらん》の袈裟《けさ》に身を包み、堂々と富家の門前に立ちます。

「どうぞ、どうぞ」と、主人は一休を迎えます。

「いや、愚僧はここで結構です」

「でも、ここは下郎の坐る所でございます。和尚さんはどうぞ奥へ……」

「では、わしのこの袈裟だけを奥へ連れて行ってやってくだされ。わし自身は、先程、ここから追い返されたんじゃから……」

まあ、こんな話です。だが、これと同じような話が、インドで三世紀の前半につくられた仏教論書の『大智度論』にあります。カシミールの僧が、粗末な衣で商家を訪れたとき、門の所から追い返された。しかし翌日、立派な衣を借りて同じ家に行くと、素晴らしい供養にあずかることができた。そんな話です。一休の逸話・伝説のほとんどが、いろんな仏教書からつくられたものである。そのことがよく分かります。

▼お寺よりもネオン街

師から「風狂」を公認された一休は、ますます風狂に生きます。彼は一生涯、風狂に生き続けました。

風狂の狂客、狂風を起こし
来往す婬坊酒肆《いんぼうしゅし》の中《うち》

——わたしの物差し、狂ってる
だから平気さ　女郎屋も酒屋も——

一休の漢詩集は『狂雲集』と題されています。その中の一詩です。
〝平気さ〟と訳しましたけれども、むしろ一休は好んで女郎屋や酒屋に入り浸ったようです。まことに僧の風上にも置けない人間です。だから狂っているのです。
『狂雲集』には、こんな詩もあります。

婬坊に題す

美人の雲雨《うんう》愛河深し
楼子老禅《ろうぜん》楼上に吟す
我に抱持《ほうじ》唼吻《そうふん》の興あり
竟《つい》に火聚《かじゅ》捨身《しゃしん》の心なし

——お女郎礼讃

美人と寝れば　じくじく流れる愛液《ラブジュース》
太鼓持《たいこもち》と年寄り禅僧　大合唱
わたしゃ大好き　抱擁と接吻
お堅い修行　やる気になれぬ——

とはいえ、一休は禅僧です。だから禅寺に住む。住まねばならぬこともあります。永享十二年（一四四〇）、一休四十七歳のとき、大徳寺の長老たちの請いによって、彼は大徳寺山内の如意庵に住することになりました。

だが、ものの十日もしないうち、彼はこの寺を逃げ出しています。そして、こんな詩をつくりました。

住庵十日意忙々《こころぼうぼう》たり
脚下の紅糸線《こうしせん》甚だ長し
他日君来つてもし我を問はば
魚行酒肆《ぎょこうしゅし》また婬坊

——十日も住めば　お寺はうんざり
わしには娑婆っ気　ありすぎる
どこへ行ったか　わしを捜すなら
魚屋　酒屋　それともお女郎屋——

狂った一休には、お寺なんかより、青い灯、赤い灯のネオン街のほうがふさわしいようですね。

▼寺を出る一休

ともかく一休は常識嫌いです。常識というものが、世間に属するものだからです。まあ、一休にかぎらず、すべての禅者が常識嫌いなんですが、一休は飛び抜けて常識嫌いでした。

真の仏教者として生きるには、われわれは彼岸に渡らねばなりません。われわれの住んでいる此岸は常識の世界であり、その此岸を否定したところに彼岸があります。この彼岸を「悟りの世界」と呼ぶことができますが、悟りとは端的に言って常識の否定でしょう。「俺は常識なんて信じないぞ」（つまり「唯我独尊」です）と宣言できるのが、悟りなんです。

たとえば、仏教者は寺にいる。寺には仏教がある。それが常識です。でも、本当に寺に仏教があるでしょうか？

一休は『骸骨』という書物を書いて、その中でこう言っています。

このごろは、むかしにかはりて寺をいで、いにしへは、道心をおこす人は寺に入りしが、今はみな寺をいづるなり。見ればぼうずにちしきもなく、坐禅をものうく思ひ、工夫なさずして、道具をたしなみ、坐禅をかざり我慢《がまん》多くして、ただころもきたるを名聞《みょうもん》にして、ころもはきたるとも、ただとりかへたる在家なるべし。

昔は、仏教を学ぶために「出家」をしましたが、いまは仏教を学ぶために「出寺」をせねばならない。一休はそう言っています。なぜなら寺の坊主どもは、仏教の知識もなく、坐禅なんかしていないからです。

一休の当時でさえそうであったのだから、二十一世紀の現代日本では、もっとひどいありさまです。僧侶は葬祭業者になっている。いや、葬祭業者の下請けになっています。本当に「葬式仏教」と言うのであれば、死体の始末からちゃんとやってください。死体には一本の指も触れず、ただ漢文のお経を棒読みしている。それで「葬式仏教」と言えますか。一休であれば、現代日本の仏教を全面的に否定するでしょう。

▼道徳嫌いの一休

それから一休は道徳嫌いです。

道徳とは何か？　わたしは、

――道徳とは、強者が弱者を支配するための道具である――

と定義します。奇妙な定義と思われるかもしれませんが、ちょっと考えると、わたしの言っていることが当たっていることが分かります。

遅刻は悪いことだ。なるほど道徳的にはそうであります。だが、その道徳に反する行動をしたとき、強者と弱者では受けるバッシング（非難）が違います。

社長と社員が待合せをします。弱者である社員が遅刻すれば、彼はひどいバッシングを受けます。ひょっとすれば馘首《かくしゅ》されるかもしれません。反対に強者である社長が遅刻しても、彼はただ「待たせたね」と言うだけです。謝罪なんてしません。なぜなら社長は、〈俺はのっぴきならない事情があって遅刻したのだ。俺がおまえとの約束を守るために、商談を断わってここに来ていたら、会社は潰れてしまう。だから俺が遅刻したことを、おまえはむしろ感謝すべきだ〉

といったふうに考えているからです。

世の中の道徳というものを見てください。有名人——強者です——が浮気をしても、それほどのバッシングは受けません。しかし、なんでもない普通の人が浮気をすれば、すごい非難を受けます。もっとも、落ち目になった有名人が反道徳的行為をすれば、寄って集《たか》って非難を受けることがあります。この場合、落ち目になった有名人は、弱者に顚落《てんらく》したと見るべきでしょう。

まあ、ともあれ、一休は道徳が大嫌いです。

だから一休は、寺を飛び出て、赤い灯・青い灯のネオン街を徘回します。そして平気で女性と寝ます。

女性と交われば子どもが出来ます。当然ですね。一休には岐翁紹禎《ぎおうしょうてい》なる実子がいたとされています。一休三十三歳のときの子どもです。ただし、紹禎実子説に異論を呈する学者もいます。でもね、女と寝れば子どもが出来るのはあたりまえで、わたしは、一休にはもっと複数の子がいたのではないかと勘繰っています。こういうのを、下種《げす》の勘繰りというのですね。

▼一休の死

一休の恋人のうちでも、ひときわわれわれの目を惹くのは、盲目の女性の森女《しんじょ》です。「一休和尚並森女盲女図」（正木美術館蔵）によりますと、ぽちゃっとした体つきです。赤い着物を着て、前に鼓が置いてあります。森女の歌を聞きながら、一休はいったい何を考えていたのでしょうか……。それとも、無念無想であったのでしょうか。

文明二年（一四七〇）、一休は森女に出会いました。このとき、一休は七十七歳。

そして翌年の春、森女と再会した一休は、彼女と同棲を始めます。ほぼ十年にわたる二人の交情が続きます。ということは、死ぬまでの付き合いです。一休の死は八十八歳。米寿です。お元気ですね、一休さん。そう言いたくなります。

美人の陰　水仙花の香《かおり》有り
美人の婬水を吸う

一休はそんな詩をつくっています。
一休の道歌を紹介しておきましょう。

よの中はくうて糞してねて起きて
さてその後は死ぬるばかりよ

本来《ほんらい》もなきいにしへの我《われ》なれば
死にゆく方《かた》に何《なに》も彼《か》もなし

元《もと》の身は元のところへかへるべし
いらぬ仏《ほとけ》をたのみばしすな

仏とて外《ほか》にもとむる心こそ
まよひの中の迷《まよい》なりけれ

其《その》ままにうまれながらの心こそ
ねがはずとても仏なるべし

やきすてて灰になりなば何ものか
残りて苦をば受《うけ》んとぞおもふ

一休は、いつも、食べ・糞をし・働き・寝て・泣き・笑う人間の上に、「無位の真人」「主人公」を見ていたのではないでしょうか。

そして、文明十三年（一四八一）十一月二十一日、卯《う》の刻（午前六時ごろ）、酬恩庵においてー休は示寂しました。享年八十八です。

借用申す昨月昨日

返却申す今月今日
借り置きし五つのもの四つかえし
本来空にいまぞもとづく

一休の辞世の言葉と伝えられるものです。〝借り置きし五つのもの〟とは、地《ち》・水《すい》・火《か》・風《ふう》・空《くう》の五大です。最初の四つが四大と呼ばれる、人間の身体を構成する四元素。だから病気のことを〝四大不調〟というのです。その四つをすべて返却して、本来の「空」に戻る。それが死です。

じつに一休の死は、あっけらかんとしたものでした。

▼「狂気」をまねるな！

一休は「風狂」を生きました。世間を馬鹿にし、常識を笑い飛ばし、道徳を無視して生きました。そこに真の仏教者の生き方があります。

わたしたちは世間に迎合し、常識に縛られ、道徳の奴隷になって、汲々《きゅうきゅう》と生きています。「おまえさん、そんな窮屈な生き方をしたらあかんで」と、一休は身をもって示してくれています。そうですね、わたしたちがいくら世間に迎合しても、世間はわたしたちを嘉《よみ》してくれません。世間が嘉するのは強者だけです。だから、一休は「風狂」に生きることによって、われわれに真の人間らしい生き方を教えてくれたのです。
だが、死ぬ前に、一休は弟子たちにこう遺誡しています。

老僧、身後〔＝死後〕、門弟子の中、或は山林樹下に居し、或は酒肆婬坊に入り、禅を説き道を説きて、人の為に口を開くの輩《やから》有らば、是れ仏法の盗賊、我が門の怨《おん》敵《てき》なり。（「遺誡」）

自分は女を抱き、酒屋に入り浸り。そのくせ弟子にはそれを禁ず。なんて身勝手な……と言わないでください。一休は真剣勝負で「狂気」を生きたのです。
だが、一休は、彼をまねて「狂気」に埋没してしまう弟子どもが出てくることを心配したのです。酒を飲み、女を抱くことが禅だと、馬鹿な早合点をする奴が出てくることを、彼は恐れたのです。
「狂気」をまねても、狂人にしかなれません。

狂人の真似《まね》とて大路を走らば、即《すなわ》ち狂人なり。悪人の真似とて人を殺さば、悪人なり。

と兼好法師（一二八三ごろ―一三五〇ごろ）は『徒然草《つれづれぐさ》』の中で言っています。真に「狂気」を生きたとき、人は禅者になれるのです。一休は、真の禅者、いや真に人間らしい生き方をわれわれに教えたのです。

▼変人のすすめ

わたしたちは、まねではなしに真の「狂気」を生きねばなりません。一休はそう言います。いや、これは一休だけではなしに、すべての仏教者が言っていることですね。

たとえば最澄（七六七―八二二）です。日本天台宗の開祖ですが、彼は、十九歳で東大寺で受戒したのち比叡山に入りましたが、その入山にあたって「願文」を草しています。その中に、

愚が中の極愚《ごくぐ》、狂《おう》が中の極狂、塵禿《じんとく》の有情、底下《ていげ》の最澄

――愚かな者の中で最も愚かな者、狂っている者の中で最も狂せる者、塵芥《ちりあくた》のご

とき生きもの、最低の存在である最澄——

と言っています。「愚」と「狂」が最澄の自己認識でした。

そして、「愚」と「狂」に生きるのが、あらゆる仏教者に課せられた生き方ですね。

では、われわれは、どうすれば「愚」と「狂」に生きられるでしょうか？　「愚」に生きることについては、ある程度、前章で考察しました。われわれは世間を馬鹿にすればよい。世間を笑い飛ばせばいいのです。これはこれでむずかしいですが、まあ、やってできないことではありません。

では、「狂」のほうはどうでしょうか？　われわれは「狂」のまねをしても、真の仏教者にはなれません。本当に「狂」を生きないといけないのです。そのためには、どうすればよいでしょうか……？

そこで、わたしは、ちょっと、

——変人のすすめ——

をしたいですね。変わり者になることをおすすめしたいのです。

変人・変わり者・奇人・畸人《きじん》・偏物《へんぶつ》……いろいろと呼び名があります。人はみんなどこか変わっています。まったく同じ人なんていません。一卵性双生児だって、まったく同じではありません。まあ、しかし、その変わり様が普通より大きい人が「変人」と呼ばれます。その「変人」の度を越すと「狂人」になります。わたしたちは、一休のような「狂人」になることができなくても、その一歩手前の「変人」になればいいのです。これならできそうです。

▼変人になってしまう

「人から嫌われたくない」と思っている人はあんがい多いものです。というより、みんなそう思っているのではないでしょうか。あるいは、「他人がわたしのことをどう思っているか、気になってならない」「人から後ろ指だけはさされたくない」と思って、じくじく悩んでいる人が多いようです。

でも、これは、おかしな悩みです。

人間は、みんなどこか違っているのです。ロボットと違って、完全に同じ人なんていません。

他人とどこかが違っている。その違いを個性といいます。だから、人間はみんな個性的です。

ところが、他人とあまり違いたくないといった願望もあります。すなわち没個性的でありたいといった願望です。おかしな願望ですが、あまり世間の標準から外れていれば、世間のいじめにあうからです。もっとも、そのいじめを我慢していれば、逆にそのために有名人になって、世間からちやほやされる人もいます。しかし、それは数少ないのですから、普通は世間の標準から大きく外れた人はいじめられるとしておきましょう。それで、いじめられたくないという理由で、世間の人とあまり違いたくないといった願望が生じるのです。

しかも、世間でいう普通の人でありたいといった願望が、われわれをいじけさせるのです。なぜなら、それは世間に気を使っているからです。世間に迎合しているからです。世間というのはあんがいに弱いもので（前には、世間はしたたかだと言いました。それはそうですが、世間には弱い面もあります）、こちらが高飛車に出ると引っ込んでしまいます。こちらが低姿勢だと、世間のほうが高圧的になります。この関係はおもしろいですね。

そういう世間と対するには、こちらが変人になればいいのです。

たとえば、どこの職場にもいますが、付き合いの悪い人がいます。誰とも付き合わないのです。いわゆる変人です。

でも、いちど変人になってしまえば、いじめられません。

いじめられるのは、変人でない弱者です。

弱者は、都合があって職場の人間と一緒に飲みに行かなければ、「お前は付き合いが悪い」と詰《なじ》られ、一緒に飲みに行っても酒場でいじめられます。ところが、変人はいじめられません。「あいつは、ああいう奴だから仕方がない」ですまされるのです。

わたしが大学の先生をしていたときも、年に一度の職員旅行がありました。出席の返事をしておいて、三度、直前にどたキャン（土壇場のキャンセル）しました。すると四年目には、

「先生、参加しないのであれば、最初からそう言ってください」

係りの人が言います。それで「不参加」を表明すれば、それ以後は無罪放免です。わたしは「変人」の絡印を押されたわけです。

変人になってしまえば、楽ですよ。

▼自分の個性を大事にする人が変人

私事を書いたついでに言っておきたいことがあります。

よく「個性を伸ばす」といいますが、そもそも個性というものは、その人の欠点のことです。たとえば勤勉でまじめな人は、いくらそれ以上の勤勉になっても個性が伸びたと言われません。逆に怠け者が、ますます怠け者になれば、その人の個性が伸びたことになり

ます。

ところで、私事なんですが、わたしは音痴なんです。それでいろいろ苦労していました。

バーでカラオケに誘われても、「音痴だから」と断っていました。

ところが、あるとき、音痴というのはわたしの個性なんだと気づきました。

そうすると、音痴が音痴のまま歌を歌ってなぜ悪い⁉ 音痴の歌を聞かされるほうが、迷惑を耐え忍ぶべきだ、といった考えになったのです。だからいまでは、自分のほうからカラオケのマイクを取りに行く状態です。

こういう考え方ができるのが変人ですね。

うつ病になったカメラマンから聞いた話です。彼は、自分がうつ病でいることはいけないことだと考えて、一所懸命にうつ病を治しました。うつ病の治療は、精神的にもかなりつらいものです。たいへんだったと思います。

それで、見事にうつ病は治りました。

だが、そのとたん、彼の写真が売れなくなりました。

それまでの彼は、うつ病だったからこそ、おもしろい写真が撮れていたのでしょう。

ところが、病気が治ってただの人になったとたん、ありきたりな写真しか撮れなくなり、評価されなくなったのだと思われます。

わたしたちが、自分の欠点だと思っていることが、あんがい自分の個性なんです。なぜなら、長所／欠点というものは、世間が決めることです。そんな世間に同調して、自分の個性を棄ててしまうのはよくありません。わたしたちは、もっともっと自己の個性を大事にしましょう。

そして、自分の個性を大事にできる人が変人です。

わたしは、そういう意味での変人になるといいと思います。

▼「そのまんま」と「このまんま」

そうだとすると、前に採り上げた引籠りも個性です。

だからわたしは、引籠りの人に対して、

「あなたはせっかく引籠りになったのだから、もうしばらく引籠りのままでいなさいよ。そのまんまでいいんだよ」

と言います。「いますぐ引籠りをやめなさい」と言われて、やめられる人はいません。誰だって、もうしばらく引籠りを続けるよりほかありません。引籠りは個性だから、個性は容易に変えられませんよね。

そういう意味では、怠け者も個性です。短気も個性。だから、怠け者に向かっては、

「怠け者のまんまでいいんだよ」、短気な人に向かっては、「短気なまんまでいいんだよ」と言うことにしています。

だが、ここで勘違いをしないでください。ときどき、わたしに向かって、

「先生、ぼくは怠け者なんです。でも、このまんまでいいんですよね」

と言う人がいます。するとわたしは、すぐさま、

「このまんまであってはいけない」

と応じます。相手はきょとんとしています。

じつは、「そのまんま」と「このまんま」とでは、根本的に違います。というより、わたしはその二つを使い分けています。

まず「このまんま」ですが、それは世間の物差しを基準にしています。世間の物差しだと、怠け者はよくないのであって、われわれは勤勉でなければなりません。劣等生はよくなく、優等生がいいのです。貧乏人はだめで、金持ちはいい。それが世間の物差しです。だとすると、世間でマイナス評価されていることは、

「このまんまであってはよくない」

となります。われわれはそれを改善しなければなりません。

しかし、「そのまんま」は違います。これは仏の物差しで測ったときです。

仏の物差しで測れば、優等生／劣等生、勤勉な努力家／怠け者、金持ち／貧乏人、健康な人／病人……等々、なんだっていいのです。だから、

「そのままでいいんだよ」

となります。わたしが言っているのは、その仏の物差しにもとづいた話です。

わたしたちは、世間の物差しを笑い飛ばしましょう。つまり、「このまんま」でよいか／悪いかを考えないのです。怠け者が怠け者のまんまでよくないと言われても、音痴が音痴であってはよくないと言われても、怠け者をやめます、音痴をやめますとはならないからです。

だから、仏の物差しでもって、わたしがそのまんまであることを仏は赦してくださっていると考えて、もうしばらくはそのまんまでいましょう。

そして、そのまんまでいる人が「風狂」の人です。変人です。

わたしたちは狂った人、変人になりましょう。それがわたしの提言です。

4

この世に遊びに来た

▼「娑婆世界に遊ぶ」

『観音経』のうちで、無尽意菩薩《むじんにぼさつ》と呼ばれる人が、釈迦世尊に、

「世尊よ、観世音菩薩《かんぜおんぼさつ》は、云何《いか》にしてこの娑婆《しゃば》世界に遊ぶや。云何にして衆生のために法を説くや。方便の力、その事云何《いか》ん」

と尋ねています。

いきなりこう話し始めても、読者はとまどわれるかもしれません。じつは『観音経』と

いうのは、『法華経』の一章で、『法華経』の中では、

――「観世音菩薩普門品《ふもんぼん》」――

と題されています。それを独立させて、われわれは『観音経』として読んでいるわけです。

観世音菩薩というのは、"世"の字が省略されて観音菩薩、いわゆる観音様です。"菩薩"というのは、仏になる前の存在です。仏になる前といってもさまざまな段階があるわけで、われわれも――読者であるあなたも、著者であるわたしも――菩薩なんです。といっても、本当に初歩の初歩の菩薩です。だが、観音菩薩（以後、観音菩薩と表記します）は偉い偉い菩薩で、仏と同等の実力をお持ちです。われわれとはレベルの違った存在です。じつは、観音菩薩は、「他土の菩薩」といって、遠い遠い極楽世界の菩薩なんです。極楽世界には阿弥陀仏《あみだぶつ》がおいでになります。その阿弥陀仏を輔佐《ほさ》して、教化の活動をしておられるのが観音菩薩です。

そして、観音菩薩は、しばしばわたしたちの娑婆世界に来られます。『観音経』はそれを、

――娑婆世界に遊ぶ――

と表現しています。これについてはあとで詳しく解説しますが、しばらくは「遊学」の

意味だと思ってください。

ここで時間の長さの違いについて触れておきます。極楽世界と娑婆世界とでは、時間の長さが違います。われわれ娑婆世界にいる人間にとっての百万年が、極楽世界の一秒ぐらいだと思ってください。本当はそんな計算はできないのですが、ともかく極楽世界から観音菩薩が娑婆世界に遊びに来られても、そして娑婆世界に百年おいでになっても、極楽世界では一万分の一秒ぐらいしかたっていない。そういうことになります。

それから、極楽世界と娑婆世界では、人間の大きさも違います。極楽世界の住人——観音菩薩もそうです——は、身長が何千キロメートルもあるとされています。日本列島の長さほどの人間がいるわけです。

さらに、極楽世界には、女性がいないことになっています。この点は性差別の問題として物議を醸《かも》すところなんですが、極楽世界のすべての住民が男性とされています。

まあ、仏教の話をするとなると、いろいろとややこしい点があります。読者はあまりめくじらを立てずにお聞きください。

▼観音菩薩の変身

「観音菩薩は、どういうお姿になって、この娑婆世界に遊びに来ておられますか？」——

と、無尽意菩薩が釈迦仏に質問しました。質問の意味はお分かりですね。観音菩薩は、身長何千キロメートルのままではこの娑婆世界に来れません。必ず変身して来ないといけないのです。それで、その変身した姿像についての質問をしたわけです。

この質問に、釈迦仏はこう答えておられます。ここは拙著の『『法華経』日本語訳』（佼成出版社）より引用します。

「無尽意よ、この観世音菩薩は、多くの功徳を積まれた方で、さまざまな姿をとってこの娑婆世界に来て遊んでおられ、衆生を救われるのだ。それ故、あなたがたは、まさに一心に観世音菩薩を供養せねばならない」

この「さまざまの姿」は、詳しくいえば三十三身になります。それで、観音霊場は三十三あるわけです。

では、三十三身はどういうものでしょうか？　全部を列挙することも考えましたが、やめにします。そもそも『観音経』は、思い付くままにずらりと三十三身をリスト・アップしたもので、必然的な意味はありません。わたしが大事だと思うのは、次の六身です。

——比丘《びく》・比丘尼《びくに》・優婆塞《うばそく》・優婆夷《うばい》・童男・童女——

比丘は男性の出家者。女性の出家者が比丘尼、いわゆる尼さんです。優婆塞は男性の在家信者で、優婆夷は女性の在家信者。童男が小さな男の子で、童女は小さな女の子。この六つの変化身のうちに、あらゆる仏教者が含まれています。したがって、これは、

男（比丘・優婆塞・童男）も女（比丘尼・優婆夷・童女）も、

出家（比丘・比丘尼）も在家（優婆塞・優婆夷）も、

おとな（比丘・比丘尼・優婆塞・優婆夷）も子ども（童男・童女）も、

となるわけです。

さて、そうだとすれば、いまあなたの隣にいる人が、ひょっとすれば観音菩薩かもしれません。だって、あなたの隣にいる人は、比丘・比丘尼・優婆塞・優婆夷・童男・童女のいずれかです。だから、観音菩薩が隣人に姿を変えて、極楽世界から遊びに来ておられる可能性があります。あるいは、そうではないかもしれません。

では、あなたの隣人が観音菩薩か否か、どこで見分けますか?

わたしは最初、その見分け方をあれこれ考えてみましたが、そのうちに気づきました。仏教は、「この人は観音菩薩である」／「この人はそうではない」と差別することを嫌います。そのような差別は、娑婆の物差しにもとづくものです。そんな差別をするくらいであれば、隣人はみんな悪魔だとしたほうがよいと思います。

だから、いまあなたの隣にいる人は、観音菩薩の変身です。そのように信じてください。それが仏教者の考え方です。

ところで、わたしは『観音経』にもとづいて、いまあなたの隣にいる人は観音菩薩の変身だと断言しました。しかし『法華経』によると、

「薬王菩薩は云何《いか》にして、娑婆世界に遊ぶや」（「薬王菩薩本事品」）

といった問いが発せられており、また「妙音《みょうおん》菩薩品」では、妙音菩薩が三十四身に変身して、この娑婆世界で『法華経』を説いておられることが述べられています。だから、あなたの隣の人は観音菩薩だけとは限りません。いろんな他土の菩薩の可能性があります。でも、そこまでいえば話がややこしくなるので、あなたの隣にいる人は観音菩薩の変身ということにしておきます。

▼「遊ぶ（プレイ）」は役割分担

かくて、あなたのお子さんが観音菩薩であり、あなたの夫、あなたの妻が観音菩薩であることが分かりました。あるいはあなたの両親が観音菩薩です。

では、観音菩薩は何のために、わざわざこの娑婆世界にやって来たのでしょうか？

それははっきりしています。もちろん、

——遊ぶ——

ためです。『観音経』はそう言っています。

けれども、〝遊ぶ〟といった言葉は、日本人には評判が悪いですね。なんだかふざけているように思います。日本人はまじめ人間で、遊んでいてはいけない、もっとまじめに働かないといけないと思っています。だからゴルフなどして遊んでいても、これはレクリエーションである。これによって明日から働くための英気が養われるのだ、といった自己弁護をします。おかしな民族です。

それ故、先程は、遊ぶということは「遊学」することだとしました。故郷を出て、他の土地に行って学ぶことを〝遊学〟といいます。観音菩薩は、その故郷である極楽世界を出て、娑婆世界に来て学問をしておられる。修行をしておられる。そういう説明だと、まじめ人間である日本人にも通じそうです。

まあ、それでもよいでしょうが、わたしは〝遊ぶ〟といった語をもっと違ったふうに解釈しています。

〝遊ぶ〟といった語は、英語だと〝play〟になります。この〝プレイ〟という語に関しては、わたしにおもしろい思い出があります。というのは、国際オリンピック委員会の終身名誉会長であったクーベルタン男爵（一八六三―一九三七）に、次の名言があります。

《オリンピックの精神は、勝つことではなく参加することである》

そして、何かの機会にこの名言の英訳を読んだのですが、そこには、

――Not to Win, But to Take Part――

と訳されていました。

なるほど、“take part”には「参加する」といった意味があります。しかし、これを正しく訳せば、「役割を分担する」といった意味です。〝パート〟というのは「割り当てられた部分」です。オリンピックの精神とは、勝つことではありません。弱い者が弱い役割を果たすことです。

わたしはプロ野球の阪神タイガースのファンなんですが、現在のところタイガースは弱いチームです。優勝なんかとてもできません。といっても、ひょっとしたら今年、優勝するかもしれませんが、まあ無理でしょう。しかし、わたしは、タイガースは優勝なんかしなくていいと思っています。弱いチームであれば、立派に弱いチームの役割を果たせばいいと思っています。そう言うよりほかに、タイガースのファンには何も言えませんよね。

ともかく、強いチームは強いチームの役割を果たす。そして弱いチームは弱いチームの

役割を果たす。それが役割分担の思想であり、その役割分担をつとめることが、わたしは「遊ぶ（プレイ）」だと思います。

▼「世界はすべてお芝居だ」

だいぶはっきりしましたね。

あなたの子が、夫が、妻が、両親が、隣の人が観音菩薩です。ということは、あなた自身が観音菩薩です。だって隣の隣はあなたですから、あなた自身も観音菩薩でなければなりません。

それ故、みんな観音菩薩です。

わたしたちはみんな極楽世界からこの娑婆世界に、それぞれの役割を果たすために来たのです。

ここでちょっと脱線します。

シェイクスピア（一五六四―一六一六）の『お気に召すまま』には、

《世界はすべてお芝居だ。

男と女、とりどりに、すべて役者にすぎぬのだ。

登場してみたり、退場してみたり》（阿部知二訳、岩波文庫）

といった台詞があります。

また、『マクベス』には、

《人生は歩く影だ。あわれな役者だ。

舞台の上を自分の時間だけ、のさばり歩いたり、

じれじれしたりするけれど、やがては人に忘られてしまう。

愚人の話のように、声と怒りに充ちてはいるが、

何等の意味もないものだ》（野上豊一郎訳、岩波文庫）

といった台詞もあります。シェイクスピアは、わたしたちの人生を一つのお芝居と見ているのですね。

じつをいえば、神がシナリオライターであり、演出家であり、われわれ人間は神にあやつられてそれぞれの役を演ずる役者で、世界はそのための舞台であるという、いわゆる、

――世界劇場（Theatrum mundi）――

といった観念は、ヨーロッパに古くからありました（小田島雄志『シェイクスピア名言集』岩波ジュニア新書によりました）。シェイクスピアは、そのような「世界劇場」の観念にしたがって、これらの台詞を書いたのだと思います。

この「世界劇場」の考え方は、なかなかいいですね。神がこの世の配役を決められているのです。神によって、ある人は主役を貰い、ある人は傍役を貰い、また悪役を与えられる人もいます。金持ちの役もあれば、貧乏人の役もあります。人生というドラマの中で苦しみ・悲しみに耐える役割を与えられた人は、その苦しみ・悲しみにしっかりと耐える役を演ずればいい。わたしはこんな配役はいやだ。もっと幸せに生きる役柄をやりたい。そんなふうに言うことは、神に楯突いていることになります。人間は与えられた役をしっかりと演ずればよい。それがキリスト教の考え方でしょう。

でも、この考え方は、いささか暗いですね。

まあ、キリスト教においては、人間は神の奴隷なんだから、こう考えるよりほかないでしょう。キリスト教においては、神がオールマイティーの存在であって、人間は神の意のままに動かされます。だから、どうしても暗い考え方になります。

そこでわたしは、観音菩薩が、

——娑婆世界に学ぶ——

という仏教の考え方に惹かれるのです。といったところで、話を元に戻します。

▼偶然に決まったこの世の配役

もちろん仏教においても、この世にはさまざまな配役があります。優等生／劣等生、金持ち／貧乏人、努力家／怠け者、権力者／庶民、健康な人／病人……と、さまざまです。わたしたちはいずれかの配役をつとめるのですが、もちろん神に命じられてするのではありません。仏教では、それを因縁によるとしています。

因縁とは、ある意味では偶然です。たまたま周囲に勉強のよくできる者が多かった。そういう因縁によって、あなたは劣等生になってしまうのです。

たとえば、アリの世界において、勤勉なアリ、普通のアリ、怠け者のアリの比率が、だいたい二対六対二になっているそうです。そこで勤勉な二割のアリばかり集めてコロニー（集団）をつくると、すぐに六割のアリが勤勉でなくなり、そのうちの二割が怠け者になるといいます。反対に二割の怠け者のアリばかりを集めてコロニーをつくると、二割が猛烈に働き始め、六割が普通になるそうです。

ということは、自分がたまたま勤勉なアリの役目になるか／怠け者のアリの役目になるかは、偶然によって決まるわけです。そのことは、高校のときの優等生ばかりを集めた一流大学においても、卒業の時点では優等生／普通／劣等生が出来るのと同じです。

このように、キリスト教においては、この世の役目を神が決められますが、仏教においては、それは因縁（あるいは偶然）によって決まるのです。その点が根本的に違っていることを知っておいてください。

それから、もう一つあります。キリスト教は、この世の配役の差を、世間の物差しで測ります。優等生・金持ちはいい配役で、劣等生・貧乏人は悪い配役です。じつはキリスト教は、その世間の物差しを否定しようとしているのですが（たとえば「貧しい人々は、幸いである」「ルカによる福音書」6）、そこまで言えば話がややこしくなるので、キリスト教においては世間の物差しが使われていると思ってください。

それに対して仏教では、この世の配役の差を仏の物差しで測ります。仏の物差しで測るということは、結果的には測らないことになります。つまり、なんだっていいと考えます。優等生でもいいし、劣等生でもいいのです。金持ちでもいいし、貧乏人でもいい。健康でもいいし、病気があってもいいのです。われわれは偶然に決まった役割りですから、その役割をしっかりとつとめればいいのです。それが仏教の考え方です。

▼世の中の役に立つ人

わたしたちは、「世の中の役に立つ人間になりなさい」と言われて育ってきました。で

は、世の中の役に立つ人とはどういう人でしょうか？　昔、小学校で歌わされた歌の「あおげば尊し」によると、

《身をたて　名をあげ、やよ　はげめよ》

とあります。立身出世が歌われており、立身出世した人が、世の中の役に立つ人とされていたのです。

余談になりますが、そもそも「あおげば尊し」って、いやな歌ですね。

《あおげば　とうとし、わが師の恩》

と、先生のほうから「恩」を子どもたちに強制しています。押し付けがましいと思いませんか。

だが、わたしがそんなふうに言えば、きっと反論があります。師の恩は尊い。昔の人だって、みんな師の恩を感じていた。とくに禅僧は、師に対して絶対服従し、師の恩を忘れなかった。そういう反論です。

それはその通りです。たとえば日本の曹洞宗の開祖である道元は、中国に渡って如浄という師の許で悟りを開きました。そして道元は、師の如浄に絶対帰依をしています。

これは禅僧ではありませんが、浄土真宗の開祖の親鸞も師の法然に絶対帰依をしています。

たとひ法然聖人にすかされまひらせて、念仏して地獄におちたりとも、さらに後悔すべからずさふらう。(『歎異抄』第二段)

師の法然が教えてくださった念仏によって、そのために自分が地獄に堕ちることになっても後悔はしない。親鸞はそこまで言っています。それほど師の恩は尊いのです。

そういえば、「三尺去って師の影を踏まず」と、昔の人は言っていましたね。師の恩の尊さは否定すべくもありません。

だが、待ってくださいよ。そこで言われている師の恩は、弟子のほうから「この人を師とする」と選んだ師です。だが、義務教育における師は、学校のほうから押し付けられた師です。まったく違った師です。そこの違いをみんなは忘れています。「こんな先生、いなければいいのに……」と思った義務教育や高校・大学の先生も多数いましたね。そんな先生に恩を感ずる必要はありません。わたしはそう思います。

世の中の役に立つ人間ということから、大きく脱線してしまいました。本題に戻しますが、世の中の役に立つ人間とはどういう人でしょうか? わたしは、すべての人が世の中の役に立っていると思います。

▼すべての人が世の中の役に立っている

たとえば病人です。わたしは、病人が世の中の役に立っていると思います。

世の中の役に立つ人といえば、たいていの人は医師・薬剤師・看護師を思い浮かべます。なかにはおかしな医師・薬剤師・看護師もいますが、それは例外的です。多くの医療関係者が世の中の役に立っています。

けれども、彼らが生計を立てるには、病人がいないといけません。誰も病気にならなければ、医療関係者は生きていけないのです。だとすると、病人の存在が医師・薬剤師・看護師等々の生計を支えているわけです。だから、病人が世の中の役に立っているのです。

師の恩を強調する前に、児童・生徒・学生の恩を考えてください。教えられる人がいなければ、教える人は生計を立てられないのです。だから、被教育者が世の中の役に立つ人です。

これは誤解を受けそうな発言になりますが、犯罪者の存在が、警察官・裁判官・弁護士等々の生計を立てさせているのです。したがって、犯罪者も世の中の役に立っているのです。

でも、早合点しないでください。だからといって、わたしはみなさんに犯罪者になれと

言っているのではありません。ただ、犯罪者に対して、

〈あんな奴、いなければいいのに……〉

と思わないでくださいと言っているのです。犯罪者がいなければ、警察官・裁判官・弁護士は生きていけないのです。

それから、犯罪者というのは、イコール悪人ではありません。その時代の法によって、罰せられた人が犯罪者です。

だから、世界でいちばん有名な犯罪者といえば、キリスト教の開祖のイエスです。彼は当時のユダヤの法律によって犯罪者とされ、死刑になりました。しかも、イエスは宗教によって罪人とされたのではありません。ユダヤの法律によると、宗教犯であれば石打ち刑になります。イエスが十字架刑に処せられたということは、ローマの法律によって政治犯として死刑になったのです。

イエスは犯罪者ではありますが、悪人ではありませんよね。もっとも、当時のユダヤ教徒は、イエスを悪人と信じて処刑したのですが……。

日本でも、法然・親鸞・日蓮（一二二二—八二）が犯罪者として流罪になっています。しかしそれは、当時の権力者が彼らを犯罪人にしたのであって、だからといって現在、彼らを犯罪者と信じている人はいないでしょう。逆に彼らを開祖として崇めている人は多数

います。

おもしろい（？）のは、沢庵宗彭《たくあんそうほう》（一五七三―一六四五）のケースです。彼は江戸幕府の宗教政策に抗議したために流罪になります。しかし、将軍が代わって第三代の徳川家光の時代になると赦免になりました。いや、赦免になったばかりか、家光は沢庵のために江戸の品川に東海寺を建立し、彼を開山とします。すごい持てようです。このように権力者がちょっと代わっただけで、犯罪者が立派な高僧になるのです。

なお、沢庵は、日本の代表的な漬物である沢庵漬けの発明者だとされています。しかし、沢庵漬けは禅寺に伝わる「貯え漬け」という香の物でしょう。東海寺にやって来た家光に、たまたま沢庵が貯え漬けを供したところ、家光が、

「これは貯え漬けにあらず。以後、これを沢庵漬けと申すようにせよ」

と命じた。それで〝沢庵漬け〟の名が出来たとされています。

▼客として来た

沢庵に言及したついでに、沢庵の言葉を紹介しておきます。

此世の人、来たとおもへは、苦労もなし。心に叶ひたる食事にむかひては、よき

馳走におもひ、心に不レ叶時も、客なれは、ほめて喰ねはならす。夏の暑をもこらへ、冬の寒さも、客なれは、こらへねはならす。孫子兄弟も相客と思へは、中よくくらして、あとに心を残さす、御いとま可申候。かしこ。

たらちねによはれて仮の客に来て
こころのこさすかへる故郷（『結縄集』）

――人間はこの世にやって来たと思えば、苦労はないものだ。満足できる食事が出されたら、それを「ごちそうさま」といただけばよいのだし、満足できない時であっても、自分は客であるのだから、これを褒めて食べねばならない。夏の暑さも、冬の寒さも、客であるのだから、じっと耐えねばならない。子どもや孫、兄弟たちも、自分と一緒にやって来た相客と思って仲良く暮らし、心を残さずにさらりと辞去せねばならない。かしこ。

父母《ちちはは》に喚《よ》ばれて仮の客に来て
こころ残さず帰る故郷――

わたしたちは観音菩薩であり、さまざまな姿になってこの娑婆世界に遊びに来た。そうわたしは論じています。そのわたしの論旨と、この世に客となってやって来たと言う沢庵の主張と、一見、同じに見えます。わたしも最初、そう思いました。

だが、わたしと沢庵とでは、言っていることに大きな違いがあります。

沢庵は、われわれは「客」だと認識しています。客というかぎり、この世に「主人」がいます。そこが問題です。主人がいれば、われわれはその主人に遠慮しなければなりません。

主人とは誰か？　沢庵はそれを明確にしていません。《たらちねによはれて》（父母に喚ばれて）と、沢庵は、父母が主人であるかのように匂わしていますが、父母はこの世の主人ではないでしょう。とすれば、この世の主人は権力者、支配者になります。わたしは沢庵のその考え方に反対です。権力者・支配者というのは、たまたまそういう配役を貰ってこの世に遊び（プレイ。役割分担）に来ているのです。ましてや民主主義の世の中であれば、首相にしろ大統領にしろ、選挙によって一定期間その配役についている人です。絶対に主人ではありません。

まあ、沢庵の江戸時代であれば、この世に主人がいるといった考え方になるのも仕方がありません。けれども、われわれとしては、

――わたしたちはこの世に遊びに来た――

ということを、はっきりさせておきましょう。この世には主人なんかいないのです。同様に、仏教においては、キリスト教やイスラム教でいうような神（ゴッド、アッラー）はいません。そのこともはっきりさせておきましょう。

▼「遊び」の精神を忘れるな！

さて、そうすると、われわれはいろんな姿、役割になって、この世に遊びに来たのです。ある人は優等生に、ある人は劣等生の役割をつとめています。ある人は金持ちの、ある人は貧乏人の姿になっています。

そして、どんな人であろうと、世の中の役に立っています。

だから遠慮する必要はありません。沢庵の文を読むと、ちょっとわれわれに遠慮しろと言っているように感じられるところもありますが、みんな役に立っているのだから、遠慮なんてする必要はありません。

たとえば劣等生がいます。誰もが優等生になれるわけではないのだから、劣等生がいるのは当然です。そして、劣等生がいるおかげで、優等生が優等生でいられるのです。

大学入試にしても、誰かが不合格になってくれたおかげで、あなたは合格できたのです。たしかにあなたには実力があります。けれども、あなたより実力のある人が流感のために試験を受けられず、そのためにあなたが合格できた可能性もあります。あなたが試験を受けることができたのは、電車が事故を起こさずに動いてくれたおかげです。あなたはさまざまな偶然（因縁）に助けられて合格できたのです。

エリートのうちで鼻持ちならないのは、

〈俺は実力があるから成功した〉

と思っている人です。成功した人は、さまざまなご縁に助けられて成功したのです。部下の協力もあったでしょう。それよりも、成功の裏には他人の失敗があります。そのような他人の失敗に気づかず、自己本位に考えて実力でもって成功したと思っているエリートこそ、鼻持ちならない人間です。

前にも言いましたね。犯罪者のおかげで警察官は生きられるのです。病人のおかげで医者は生計を立てられるのです。ともかくみんなのおかげです。みんなのおかげで、あなたはあなたでいられるのです。

だから、他人を軽蔑することをやめましょう。あなたが軽蔑する人のおかげで、あなたは生きていけるのです。

だから、なにも遠慮する必要はありません。あなたのおかげで、この世は動いているのですから。

わたしたちは観音菩薩です。みんな極楽世界から、さまざまな姿に変身して、この娑婆世界に遊びに来ているのです。金持ち／貧乏人、優等生／劣等生、エリート／ノン・エリート、健康な人／病人……その姿はさまざまですが、それは変身した姿であって、本当はわたしたちは観音菩薩です。観音菩薩が、この世に遊びに来ているのです。

その「遊び」の精神を忘れないでください。

▼良寛の出家と修行

「遊び」の精神といえば、すぐに名前が出てくるのが大愚良寛（一七五八―一八三一）です。江戸後期の禅僧です。

「狂」といえば……一休

「遊」といえば……良寛

と、「狂」と「遊」の代表選手です。子どもたちと手毬をつきながら遊ぶ姿のうちに、良寛の真面目があります。

世の中にまじらぬとにはあらねども
ひとり遊《あそ》びぞわれハまされる

子供《こども》らと手毬《てまり》つきつゝ此のさとに
　遊《あそ》ぶ春日《はるひ》はくれずともよし

良寛の歌です。

良寛は越後（新潟県）出雲崎の名主《なぬし》の長男でした。名主といえば、江戸時代にあって郡代、代官の支配を受けて村の民政をつかさどった役人です。権力機構の末端に位置する人間です。

だが、良寛は、みずから進んで権力機構の外へ出ました。出家して僧となったのです。良寛の出家の動機はよく分かりません。一説によると、難破船の積み荷を横領した疑いで村人が取調べられました。その場に、十八歳の良寛が、父にかわって名主代理として立ち会います。ところが、役人は容疑者を拷問の末に殺してしまった。それを見て、良寛は剃髪出家したといいます。彼の繊細な神経でもっては、権力が日常茶飯事的に発揮する暴力行為を正視できなかったのです。

出家した良寛は、生家の近くの曹洞宗の寺院の光照寺に入ります。そして二十二歳のとき、たまたま越後に巡錫《じゅんしゃく》に来た大忍国仙に引かれて、備中玉島の円通寺に移りました。

ここで彼は本格的な修行をし、寛政二年（一七九〇）、三十三歳のとき、国仙から一人前の禅僧としての印可を受けました。

この時代の良寛は、まじめ一徹の禅僧でした。彼は次のような漢詩をつくっています。

円通寺に来《きた》ってより、
幾回《いくかい》か冬春を経たる。
門前、千家の邑《ゆう》、
乃《すなわ》ち一人をも識らず。
衣垢《いあか》づけば、手自《てず》から濯《あら》い、
食尽《しょくつ》くれば、城闉《じょういん》に出ず。
曾《かつ》て高僧伝を読むに、
僧可は清貧を可とす。

――円通寺に来てから、
いったい何年たったやら。
寺の門前、千軒あるが、

誰一人、わたしは知らぬ。
僧衣が汚れれば自分で洗い、
食べ物なくなりゃ、托鉢に出る。
昔、高僧の伝記を読んだが、
僧は清貧なるがよしとあった――

清く、貧しく、修行に明け暮れる良寛でした。

▼良寛の真骨頂

この時代、良寛の道友の一人に仙桂《せんけい》がいました。だいぶ変わり者です。経も読まず、坐禅もせず、黙々と畑を耕して仲間のために園菜を作るだけです。

その当時、良寛はこの仙桂の値打ちが分かりませんでした。分かるようになったのは、ずっと後のことです。

良寛は仙桂に関して、次のような漢詩を作っています。

仙桂和尚

仙桂和尚は真の道者、
黙して作《な》し、言は朴なるの客。
三十年、国仙の会《え》に在りて、
禅に参ぜず、経を読まず、
宗文の一句も道《い》わず、
園菜を作りて大衆に供養す。
当時、われこれを見て見ず、これに遇うて遇わず。
ああ、今これを放《なら》わんとするも得べからず。
仙桂和尚は真の道者。

——仙桂和尚

仙桂和尚こそ真の道者。
何も語らず、朴訥《ぼくとつ》にして飾らず。
国仙禅師の許にいること三十年、
坐禅もせず、経も読まず、
仏教書の一句も言わず、

ただ園菜を作りて仲間に供す。
あの当時、わたしはこの人を見て見ず、この人に遇《あ》って遇わず、
ああ、今になってあの人を見習いたいと思ってもだめ。
　仙桂和尚こそ真の道者――

まじめな修行者であった良寛には、仙桂の良さが分からなかったのです。
だが、その良寛の真骨頂を見抜いている人がいました。良寛を印可した師の国仙です。
国仙は弟子を次のように評しています。

良也、愚の如く、道転《うた》た寛《ひろ》し、
騰々任運《とうとうにんうん》、誰を得てか看せしめん。
為《た》めに附す、山形《さんぎょう》の爛藤《らんとう》の杖、
到る処の壁間、午睡閑《しず》かなれ。

この漢詩の解釈は、人によってだいぶ違います。わたしは、柳田聖山の『良寛』（ＮＨＫライブラリー）を参考にしながら、左のように訳してみました。

——良寛よ、おまえの愚者ぶり立派だぞ、歩む道も自由で闊達《かったつ》、運にまかせてゆったりのんびり、そんなおまえを誰も縛れぬ。だからおまえに授けるこの杖を、山から拾って来たばかりの杖、ぶらぶら歩いてお寺に着いたら、この杖を壁に立てかけ、昼寝をすればよかろうよ——

師は、良寛のまじめさの裏にある、「遊び」の精神を見抜いていたのです。

▼子どもたちと遊ぶ良寛

そして、良寛が国仙から印可を受けた翌年、つまり良寛の三十四歳のとき、師の国仙が示寂しました。

そのあと良寛は円通寺を出ます。本来であれば、円通寺の重要なポストに就いてもいいのですが、良寛のうちにある「遊び」の精神が、彼を漂泊の旅に出させたのでしょう。

ですが、その後の彼の足跡は杳《よう》として分かりません。土佐にて良寛を見かけたという報告もありますが、その信憑性はもう一つです。

そして五年後に、三十九歳で良寛は帰郷し、ひとまず郷本《ごうもと》の空庵に住みます。その翌年、国上山《くがみやま》の五合庵に移りました。良寛といえば五合庵とくる、あの五合庵です。途中、あちこちに移った形迹もありますが、五十九歳のときに乙子《おとご》神社の草庵に移るまでの約二十年間を、良寛は五合庵で暮らしました。

その暮らしを、良寛はこんなふうに報告しています。

索々《さくさく》たり　五合庵
室は懸磬《けんけい》の如く然り。
戸外　杉　千株
壁上　偈《げ》　数篇。
釜中　時に塵あり
甑裡《そうり》　更《さら》に烟《けむり》なし。
唯　東村の叟《おきな》ありて
頻《しき》りに叩く　月下の門。

――風がひゅうひゅう五合庵

部屋の中はすっからかん。
それでも戸外に杉千本
壁に掛けたよ自作の詩。
鍋にはたまに塵があり
竈《かまど》にゃめったに煙なし。
ときたま隣村《となりむら》の爺さんが
月下の門を叩いてくれる――

ここにあるのは清貧の生活であり、孤独の生活です。それが良寛には似合っているようです。

そして良寛は、子どもたちとよく遊びました。手毬《てまり》をついたり、隠れん坊やおはじきなど。とくに良寛は、女の子と遊ぶのが好きだったようです。彼は幼時から、女の子と遊んでいたのでしょう。

この宮の森の木下《こした》に子供らと
手毬つきつゝこの日くらしつ

霞《かすみ》たつながき春日《はるひ》に子供らと
　遊ぶ春日は楽しくあるかな

いざ子供山《やま》べに行かむ桜《さくら》見に
　明日ともいはゞ散りもこそせめ

秋の雨の晴れ間《ま》にいでて子供らと
　山路《じ》たどれば裳《も》の裾《すそ》濡れぬ

なかには乙子神社の草庵のころのものもあります。時代考証は抜きにして、良寛が子供たちと遊んでいる風景を選んでみました。

▼貧しい人々の運命

良寛と遊んでいた子どもたちは、やがて一人、また一人と、村から消えていきます。子どもたちは口減らしのために、商家やお女郎屋に売られていくのです。

水上勉（一九一九—二〇〇四）は『良寛を歩く』（集英社文庫）を、左のような書き出しで始めています。

群馬県新田町《にったまち》の木崎《きざき》宿に、薄幸な飯盛女《めしもりおんな》たちの墓石が残されていて、石に刻《きざ》まれた字をよんでゆくと、越後《えちご》の出雲崎《いずもざき》・寺泊《てらどまり》・地蔵堂《じぞうどう》出身の娘が多い、という。しかも、その没年が、良寛和尚《りょうかんおしょう》が国上山《くがみやま》に住まれ、近在地の村々を訪れて、子供らと手毬《てまり》ついたり、かくれんぼしたりなさった年代とかさなる、ときいた時には、どきっとした。越後の娘たちが、関東の地に売られ、旅宿の飯盛女として働いたはいいが、故郷へ帰れないままに、病死して、無縁墓地に眠っているとすれば、良寛さまのあそばれた子女たちの身の果てでもあったろう。

これが庶民の現実です。歴史のいつの時代にあっても、貧しい民衆の現実は悲惨です。では、その悲惨な現実を、宗教者の良寛は救ってやることができるでしょうか？　彼が為政者から金を出させて、それで貧しい人々を救うことができるでしょうか？　ノーです。そもそも彼は名主失格者なんです。名主というのは、いちおう最末端の政治家です。その最末端の政治家すら失格した良寛に、人々を貧困から救うことはできません。政治的に貧者を救うことは、良寛ならずとも、誰にもできないことです。それができれば、どこにも貧困はなくなっているはずです。

だとすると、宗教者の良寛にできることは、悲惨な現実をじっと眺めているだけです。やがては売られて村を去って行く子どもたちと、いま、一緒に遊んでやることだけです。

その遊びを通じて、良寛は子どもたちに、そして村人たちに言って聞かせました。

……いいか、この世は遊びなんだよ。人生はお芝居なんだ。この世の舞台には、殿様もいれば悪代官もいる。鬼となって民衆をいじめる奴もいっぱいいる。一方、貧しき庶民もいっぱいいる。わが子を奉公に出さねばならぬ親たちもいれば、泣く泣く売られていく子どもも大勢いる。それがこの世なんだよ。でも、この世のお芝居が終われば、みんな仏のおられるお浄土に帰るんだよ。そして、仏が迎えてくださる。「つらかっただろうね」と、仏がねぎらってくださる。だから、しばらくのあいだ、あなたたちはこの世でしっかりとお芝居をしておくれ……

それが良寛の「遊び」であった。わたしはそのように思うのです。

▼政治と宗教の関連

じつは、このような良寛の「遊び」の生き方を、消極的と批判する人も多いようです。

庶民の苦しみをただ傍観しているだけの良寛の生き方は、たしかに非難されるのは当然です。

しかし、わたしは、こう思います。良寛より千八百年の昔、ユダヤの地において、イエスが悪魔に向かってこう言いました。

「人はパンだけで生きるものではない」（「マタイによる福音書」4）

イエスがこういった状況は、イエス自身が空腹であって、悪魔が、おまえは神の子であるのだから、ここにある石をパンに変えたらどうか、と誘惑した。それに対する返答です。でも、われわれはこれを、

「世の中には貧しい人々が大勢いる。その人々に、おまえは神の子だから、ここにある石をパンに変えて配ってやれ」

と誘惑したのだとしましょう。それに対してイエスが、「人はパンだけで生きるものではない」と答えたとします。

そのイエスの返答に、大勢の人々が「冷たい」と非難するのです。なるほど、人はパンだけで生きるものではないにしても、パンがなければ人は生きられないのだから、イエス

は人々にパンを配る仕事をすべきだ。人々はそう考えるのです。

ですが、わたしは訊きたいのですが、パンを求めて飢えに泣く人々をつくったのは、いったい誰なんですか？　それは宗教者ではありません。政治家です。政治家が飢えに泣く民衆をつくっておいて、宗教者がその救済に奔走しないといけないのですか⁉　わたしは、イエスの言葉は正しいと思います。イエスは、

「わたしは宗教者だ。わたしは政治の仕事にはタッチしない」

と宣言したのです。わたしはそう読みますね。

ましてや二十一世紀の日本においては、本当であれば飢えに泣く人は一人もいないはずです。富める者と貧しき者の格差が大きすぎて、貧困にあえぐ人がいるだけです。富の分配をもっと公平にすれば、誰も飢えに泣かないですみます。でも、それは、政治の問題ですよね。宗教の問題ではありません。

ましてや良寛の時代です。良寛に何ができたでしょうか⁉　泣きながらわが子を売る親、泣きながら売られていく子。物質的な救いを良寛にできるわけがありません。良寛にできるのは、やがては売られていく子どもたちと、その前にしばらく遊んでやることだけです。わたしはそう思います。

▼良寛と貞心尼

三十九歳で五合庵に入った良寛は、五十九歳、あるいは六十歳のときに乙子神社の草庵に移りました。そして六十九歳のとき、老衰で不自由だろうということで、島崎村の木村元右衛門邸の離れに移りました。

彼は七十四歳で死ぬまで、この木村家の離れにいました。

そこに貞心尼が訪ねて来ます。

貞心尼はいったん結婚し、そして離婚して尼寺に入った女性です。良寛六十九歳で、貞心尼二十九歳。彼女のほうから思慕の念を深めて良寛を訪ねて行ったのです。

しかし、そのときは良寛は留守。彼女は手毬に手紙を添えて置いて帰ります。良寛が手毬が好きだということを、彼女は知っていたのです。

これぞこの仏の道に遊びつゝ
　つくやつきせぬみのりなるらむ

彼女の手紙にあった歌です。これに対して良寛はこんな返歌を贈りました。

つきてみよひふみよいむなこゝのとを
　とをと納めてまた始まるを

良寛さんは仏の道を歩みながら手毬をついておられると聞いております。わたくしも一緒に手毬をつきとうございます。貞心尼はそう言う。それに対して良寛は、そうです、あなたも、「一二三四五六七九十《ひふみよいむなここのとお》」と、十までついたらまた一から始める。ぜひそうなさい、といった返歌を贈った。そこで貞心尼は再び良寛を訪ねて来て、以後、良寛が死ぬまで二人の交際はあったのです。なんだか一休と森女の関係によく似ています。まちがいなく良寛の老いらくの恋でした。

もっとも、二人のあいだに肉体関係はなかったでしょう。しかし、恋愛感情はあったと思われます。

あるとき、貞心尼が帰ろうとするとき、良寛はこんなふうに詠みました。

霊山《りょうぜん》の釈迦《しゃか》のみ前《まえ》に契《ちぎ》りてし
　ことな忘れそ世はへだつとも

それに対して、貞心尼はこう返歌しています。

霊山の釈迦のみ前に契りてし
　ことは忘れじ世はへだつとも

二人は固く来世を誓っていたのです。
これもまた良寛の「遊び」でありました。

▼災難にあう時節

文政十一年（一八二八）十一月十二日、越後の信濃川流域の三条・見付・今町・与板などで激震がありました。『理科年表』（第八四冊）によりますと、マグニチュードは六・九、倒壊家屋（全潰）が九八〇八戸、焼失家屋が一二〇四戸、死者一四四三名という大きな被害でした。

良寛はこのとき七十一歳。この地震のあと、彼は山田杜皐《とこう》という人に宛ててみずからの無事を報じた書信を出しています。

地しんは信《まこと》に大変に候。野僧草庵ハ何事なく、親るい中、死人もなく、めで度存候。

うちつけにしなばしなずてながらへて
か丶るうきめを見るがはびしさ《(ママ)》

しかし、災難に逢《あう》時節には、災難に逢がよく候。死ぬ時節には、死ぬがよく候。是ハこれ災難をのがる丶妙法にて候。かしこ。

災難にあうときは、災難にあえばよいのです。良寛はそう言っています。もうすでに災難にあったのだから、いまさら〈災難にあいたくなかった〉と思っても、どうしようもありません。災難にあえば、〈仕方がなかったのだ〉とあきらめて、無抵抗でいたほうがよいのです。それが良寛の態度です。わたしはこの良寛の言葉を、二〇一一年三月十一日の東日本大震災のときにしみじみと思い出しました。

しかし、良寛がこのような態度をとれるのも、彼が「遊び」の精神に徹していたからだとわたしは思います。

〈わたしはこの世の人じゃない。ちょっとこの娑婆世界に遊びに来ているだけなんだ〉

という良寛の考え方が、《災難に逢時節には、災難に逢がよく候》と言わしめたのだと考えられます。

だが、わたしたちはだめですねえ。わたしたちは災難にあっておたおたします。蹠《もが》き苦しみます。蜘蛛《くも》の巣にかかった蝶と同じです。すると災難はますますつらく感じられるのです。

良寛のように、災難に対するには「遊び」の精神が必要です。

なお、良寛のためにちょっと弁じておきます。

良寛の態度を冷たいと評する人がいます。大震災に際して、ボランティア的に救援活動に駆け付けるべきだ。それなのに、良寛は横目で傍観している。だから冷たい人間だ、となるのです。

それにも一理はあります。

だが、ボランティアの活動は、行政のお手伝いをすることでしょう。大震災に対して行政がそれを傍観することは許されません。

しかし、良寛は、行政機構の末端から逃げ出して、仏法の世界に入った人間です。だから彼は、ボランティア活動に参加しません。「遊び」の精神に徹して、災難を黙って横目で見ているだけです。わたしは、そこに良寛の良寛たるゆえんがあったと思うのです。

▼良寛の生涯

たしかに良寛は、仏法の世界に逃げ込みました。

だが、その仏法の世界において、彼は劣等生でありました。良寛自身がみずからの落ちこぼれぶりを、次のように漢詩で詠んでいます。

生涯　身を立てるに懶《ものう》く
騰々《とうとう》　天真に任《まか》す
嚢中《のうちゅう》　三升の米
炉辺《ろへん》　一束の薪《たきぎ》。
誰か問わん　迷悟の跡
何ぞ知らん　名利の塵。
夜雨　草庵の裡《うち》
雙脚《そうきゃく》　等閒《とうかん》に伸ぶ。

——生涯　立身なんて考えず、

ただただのんびり生きてきた。
頭陀袋《ずだぶくろ》に米が三升、
炉の側《そば》に薪《たきぎ》が一束。
迷いだの悟りだのとは関係なく、
名誉だの利得だの、わしゃ知らん。
草庵に夜の雨が響き、
気ままに両脚伸ばしている――

前に良寛に与えた師の国仙の詩を紹介しました（一四六ページ参照）。

《良也、愚の如く、道転《うた》た寛《ひろ》し》
――良寛よ、おまえの愚者ぶり立派だぞ。歩む道も自由で闊達――

師は弟子の良寛に、愚者となって、のんびり・ゆったり・ほどほどに生きろと教えました。その師の示唆《しさ》に対する報告書が、この漢詩だと思います。

師よ、わたしは生涯、のんびり・ゆったり・ほどほどに生きてきました。清貧に生きてきました。迷いも悟りも、わたしには無関係です。名誉も利得も、わたしには関係ありません。わたしはこの娑婆世界に、しばらくのあいだ遊びに来ただけです。だから、みんなと遊んで暮らしました。そう良寛は報告しています。

うらを見せおもてをみせてちるもみぢ

貞心尼によると、

《こは御ミづからのにはあらねど、時にとりあひのたまふいと〳〵たふとし》

とあります。良寛自身の句ではないが、よく口にした句です。なんとなく辞世の句のように思われます。

あるいは、良寛の辞世の句としては、

散るさくら　のこるさくらもちるさくら

であったともいいます。さらに、彼は最後に、

死にとうない

と言ったとする説もあります。わたしはこの「死にとうない」が、いちばん禅僧らしい言葉だと思います。

それから、死亡の前日に、良寛は知人に、

形見とて何《なに》か残さむ春は花
　山ほとゝぎす秋はもみぢ葉

と書いて与えています。これも辞世の歌といってもよいかもしれません。

良寛は、貞心尼と弟の由之に看とられながら死んでいます。天保二年（一八三一）一月六日でした。享年七十四。

▼労働懲罰説と労働神事説

どうやら日本人は、〝遊び〟といった言葉が嫌いなようです。言葉が嫌いというより、「遊び」そのものを嫌悪しています。遊ぶのは悪いことだ。人間はまじめに働かねばならない。働くことに意味がある。日本人はそう思っているようです。

大昔ですが、フランスの消防士たちが、

「俺たちは危険な仕事に従事している。だから一般人よりも定年を五年早くしろ」ということでデモをやり、警官と小競り合いを起こしたという新聞記事にびっくりしたことがありました。消防士が警官と小競り合いするなんて日本ではあり得ないことですが、それよりも「定年を早めろ！」という主張に驚いたのです。フランス人は、あまり働きたくないと思っているようです。

そういえば、ロシアの作家のゴーリキイ（一八六八—一九三六）が、

《働きたかったら勝手に働くがいいんだ……働くからってなんで自慢することがある？もし、働くことで人間の相場がきまるものなら……馬にかなうものあ一人だっていやしねえや……馬は車をひくからな、そして黙ってるからな！》（『どん底』中村白葉訳、岩波文庫）

と、登場人物に語らせています。働き好きの日本人と大違いです。

だいたいにおいて、人間、何のために働くかといえば、パンを得るためです。食い扶持《ぶち》を稼ぐためです。ですから、食い扶持さえあれば、人間は働かなくていいのです。のんびり遊んで暮らせる。それが欧米人の理想です。したがって、食い扶持のために働かねばならないのは、欧米人にとって不幸なことです。日本人は忙しいことを自慢する傾向がありますが。欧米人は、「お忙しそうですね」——これは日本人にとっては相手に阿《おもね》る言葉で

すが——と言われれば、

「はい、不幸にして……」

といった言葉で応じるそうです。そういうことをイタリア在住の作家の塩野七海さんが書いておられました。

欧米人の労働観は、その意味で、

——労働懲罰説——

です。エデンの楽園にあって人間は労働しないでよかったのですが、アダムとイブが神の禁じた楽園の樹の実を食べたもので、楽園追放になり、それ以後働かねばならなくなったというのです。だから、労働は神から科せられた懲罰になります。

この労働懲罰説に対して、日本人のそれは、わたしは、

——労働神事説——

だと思います。労働そのものが神事、すなわち神様に事《つか》える（仕える）ことなんだ、というのが日本人の考え方です。

だから日本人は、長時間労働をあまり厭いません。長く働けることを喜びとしています。そして、労働の反対の「遊び」を嫌います。遊ぶことを悪いことだと考えるのです。

▼ちょっと損をする

でも、わたしたちは、もっともっと「遊び」を復権させるべきです。わたしたちは観音菩薩であり、極楽世界からこの世に遊びに来たのだ。そういう自覚を持ちましょう。

「遊び」のいいところは、この世の価値観を離れているところです。

わたしたちは、この世の価値観に従って、あるいは縛られて生きています。まじめ人間であればあるほど、この世の物差しに縛られているのです。

「遊び」の精神は、そういったこの世の物差しをちょっと棚に上げたところにあります。

鈴木正三《しょうさん》（一五七九―一六五五）という禅僧がいます。徳川家に仕え、関ヶ原の戦いや大坂の陣にも出陣しましたが、四十二歳のときに出家して、曹洞宗の僧となりました。俗名をそのまま音読して法名にしています。

その正三の説法を筆録した『驢鞍橋《ろあんきょう》』に、こんな話があります。

　或人語て曰、此前行脚の時、師好んで悪き宿を借り給ふ。我同じ銭を乍レ出悪き宿は御無用也と云ければ、師曰、同じ銭を出すならば、人の為に成《なる》やうにせでは。能宿は人毎に借間《かるあいだ》事不レ欠。悪き宿の人に借《から》れず、つゝきかぬる処に助《たすけどまり》留に留《とまり》たるは、

功徳に非ずや。少《すこし》我身不自由なる分は、一夜のこと也と云て、弥《いよいよ》悪き宿に留《とまり》給ひし也

——ある人が言った。この前、行脚の時に、師はわざわざわるい宿に泊まられる。同じ料金なら、わるいほうをやめようと進言したら、師は言われた。同じ金を出すのであれば、人様のためになるようにすべきだ。いい宿は誰もが泊まるから、人の泊まらないわるい宿に泊まってやれば、それだけ人助けになる。自分はちょっと不自由なおもいをするが、それもたった一夜のことである。そう言って、それからあともわざわざわるい宿に泊まられた——

世間の物差しだと、わたしたちは損をしたくはありません。だから弟子が言うように、「同じ料金なら、立派な宿、サービスのいい宿に泊まるべきだ」となります。しかし正三は禅僧です。それ故、世間の物差しを笑い飛ばして、「同じ金を出すのであれば、悪いほうの宿に泊まるべきだ」となります。つまり、

——ちょっとぐらいの損をしてもいいではないか——

と彼は考えたのです。わたしは、これが「遊び」の精神だと思います。

▼みんなそのままでいい

第3章の最後のところ（一一五ページ参照）で、わたしは、「そのまんま」と「このまんま」の違いに触れました。世間の物差しでもって、貧乏人や劣等生――それが「このまんま」です――であってはいけないというのが、まじめ人間の考え方です。われわれはまじめであればあるほど、世間の物差しに縛られています。

でも、わたしたちは、そういう世間の物差しを笑い飛ばしましょう。

貧乏人であってはいけないと言われても、だいたいにおいてわれわれは貧乏人です。金持ちと呼ばれる人の国際水準は、個人資産五十億円以上だそうです。あなたに五十億円の資産がありますか？　ないでしょう。だとすれば、あなたは貧乏人です。ならば、「貧乏人であってどこが悪い!?」と開き直りましょう。それが「そのまんま」精神です。

劣等生は約半数います。それが二割であっても、一割であっても、どうして劣等生であってはいけないのですか。われわれは開き直りましょうよ。

音痴であってなぜ悪い!?　そう開き直って、みんなに音痴の歌を聞かせてやりましょう。

わたしたちは仏の物差しにもとづいて、みんなそのままでいいんだよ、と思うことです。仏の物差しは、わたしは「測らない物差し」だと思います。目盛りのない物差し。つまり差別しない物差しです。あなたは金持ちであってもいいし、貧乏人でもいい。優等生であっても、劣等生であっても、どちらでもいいんだよ。まじめであっても、怠け者でもいい。みんなそのまんまでいいんだよ。仏はそう言ってくださっているのです。

その仏を信じて生きるのが仏教者です。そして「遊び」の精神です。わたしたちは「遊び」の精神で生きましょう。それがこの章でわたしの言いたかったことです。

5

人生は無意味

▼ねむくなれば眠る

そもそも禅とは何でしょうか?

中国、唐代に大珠慧海《だいじゅえかい》という禅僧がいます。この人、生没年は不詳ですが、馬祖道一《ばそどういつ》(七〇九—七八八)の弟子です。『頓悟要門《とんごようもん》』という語録があります。

その『頓悟要門』から引用します。


源律師《げんりつし》という有り、来《きた》って問う、「和尚、道を修するに還《かえ》って功《こう》を用うるや」。師曰《いわ》く、「功を用う」。曰く、「如何《いかん》が功を用うるや」。師曰く、「飢《う》え来れば飯《はん》を喫《きっ》し、困《つか》れ来れば即《すなわ》ち眠る」。曰く、「一切の人も総《す》べて是《かく》の如《ごと》し、師の功を用うるに同じきや」。師曰く、「同じからず」。曰く、「何が故に同じからざる」。師曰く、「他《ひと》は飯を喫する時肯《あ》えて飯を喫せず、百種須索《しゅさく》し、睡《ねむ》る時肯えて睡らず、千般計校《けきょう》す、所以《ゆえ》に同じからず」。律師口を杜《と》ず。

——源律師《げんりつし》という人がやって来て問う、「和尚《おしょう》は道の修行にあたって、何か工夫を用いられますか？」

大珠禅師《だいじゅ》が答えた、「工夫を用いる」

「どういう工夫を用いられますか？」

「腹がへれば飯《めし》を食い、眠くなれば眠る」

「誰も彼もがそれと同じことをしています。師の工夫と同じですか？」

「いいや、同じではない」

「どうして同じでないのですか？」

「他の人々は、飯を食うとき、本当に食っていないで、あれこれ考えごとをしている。眠るときも本当に眠らず、いろいろのことを考えている。だから同じではないのだ」

律師は何も言えなくなった――

なかなかすばらしい禅問答ですね。大珠慧海は、

――腹がへったらめしを食い、ねむくなれば眠る。それが禅だ――

と言っています。それなら、誰だってやっているではありませんか⁉　と反論されて、いいや違う、たいていの人はめしを食っているのではなしに、あれこれ考えごとをしている。現代でいえば、テレビを見ながらめしを食っているようなものです。それじゃあ、本当にめしを食っているとは言えませんよね。

〈眠れない、眠れない〉と、ベッドの上で悶々《もんもん》とした経験はありませんか？　不眠症を訴える弟子に、禅の師匠は、

「おまえは今夜、眠らずにおれ」

と命じます。だが、朝になって見てみると、弟子はぐーすか眠っていたといいます。

「眠るな！」と言われると、かえって眠たくなる。つまり、人間は眠くなったら眠るのです。

だとすると、禅とは何かといえば、あたりまえのことがあたりまえにできるようになることです。腹がへれば食事をし、疲れたら眠る。それができるようになることが、禅の修

行ではないでしょうか。

▼ひたすら修行する

禅の修行に関しては、日本曹洞宗の開祖の道元が、おもしろい考え方をしています。ちょっと待ってくださいよ。わたしはいま、道元を日本の曹洞宗の開祖と書きましたが、じつは道元は、〝禅宗〟といった呼称が嫌いなんです。ましてや〝曹洞宗〟なんて、彼は自分の教えをそう呼ばれることに怒りすらおぼえるでしょう。

禅宗の称、たれか称じきたる。諸仏祖師の禅宗と称ずる、いまだあらず。しるべし、禅宗の称は、魔《ま》波旬《はじゅん》の称ずるなり。（『正法眼蔵』仏道）

――〝禅宗〟といった呼称は誰が言ったのか⁉　諸仏・祖師が〝禅宗〟と称したことはない。知るべきである、〝禅宗〟の呼称は魔王が言ったものだ――

道元は、自分が教える仏教は、

――全一の仏法・正伝の仏法――

と認識していました。釈迦より正しく伝わった仏法を、わたしは教えているのだ。道元はそう自負していました。しかしまあ、本書では〝禅宗〟〝曹洞宗〟の呼称を使わせていただきます。

それはそうとして、道元は比叡山で出家した直後、一つの疑問を持ちます。それは、仏教の教学によると、すべての人に仏性《ぶっしょう》があるという。仏性とは仏の性質です。すべての人に仏の性質があるというのであれば、すべての人が仏ではないか。それなのに、なぜ修行しないといけないのか⁉　といったものです。

そして、その疑問を解くために、貞応二年（一二二三）、二十四歳のとき、彼は宋に渡りました。

さまざまな経緯はありますが、宋において道元は如浄という師の薫陶《くんとう》を受けて悟りを開き、帰国します。結果的に、彼の疑問は解けたわけです。

それは、簡単にいえば、

――われわれは仏だから修行ができる――

というものです。最初、道元は仏になるために修行すると考えていました。仏になるための修行であれば、仏性がある――ということは、仏であるということです――人間がなぜ修行しないといけないのか、といった疑問が起きます。しかし、それは反対なんです。

仏になるための修行ではなく、仏が修行しているのです。

道元はそのような解答を得たのです、彼はそのことを、

作仏をもとめざる行仏（『正法眼蔵』坐禅箴）

と言っています。坐禅というものは、仏になることを求めずに、ただ仏道修行をすることです。仏道修行が行仏です。「作仏」（仏になろうとすること）でない「行仏」（ただ仏道修行をすること）です。道元の別の言葉でいえば、

——不図作仏《ふとさぶつ》（仏になることを求めない）・只管打坐《しかんたざ》（ひたすら坐禅する）・修証一等（修行と証《さと》りが同じもの）——

ということになります。これが道元の修行論です。

▼凡夫は修行しても仏になれない

大珠慧海の師であった馬祖道一に、こんな話があります。馬祖は、現在の日本に伝わっている中国禅の、実質的な創始者といってよいほどの大物です。

しかし、話はまだ馬祖が悟りを開く前のことです。

ある日、馬祖が坐禅をしています。そこに馬祖の師である南岳懐譲《なんがくえじょう》(六七七―七四四)がやって来て問います。

「何をしている?」

「坐禅をしています」

「何のためか?」

「仏になるためです」

あまりにも陳腐な問答です。しかし、騙されてはいけません。いつも師は弟子に大事なことを教えようとしているのです。

弟子の言葉を聞くと、師の南岳は弟子の横に坐り、落ちていた磚《せん》を拾って石の上で磨き始めます。磚とは敷瓦《しきがわら》です。今度は弟子が問う番です。

「何をしておられるのですか?」

「磚を磨いておる」

「磨いて、どうするのですか?」

「磨いて、鏡にしようと思っている」

「でも、いくら磨いても、磚は鏡にはなりませんよ」

馬祖がそう言うと、師の南岳は言いました。

「おや、そうかい……。おまえさんにそれが分かっていて、どうしておまえは坐禅をして仏になろうとするのだ⁉ 凡夫はいくら坐禅をしたって、仏にはなれんよ」

お分かりになりますか。磚はいくら磨いても、鏡にはなりません。鏡だからこそ、磨けば鏡になるのです。それと同様に、凡夫はいくら坐禅をしても、仏にはなれません。仏だからこそ坐禅をすれば仏になれるのです。

だからおまえは、仏になろうとして坐禅してはいけない。仏が坐禅をしておられる。そういう気構えで坐禅をしろ！ 南岳は弟子の馬祖にそう教えたのです。

つまり、仏性があるからこそ、修行をして仏になれるのです。仏だからこそ、修行をして仏になれる。道元は南岳と同じことを言っています。

▼あらゆる行動が修行である

われわれは仏になるために坐禅・修行をするのではありません。仏だから坐禅・修行ができるのです。南岳がそのことを教え、道元もそう考えました。

だとすれば、その坐禅・修行は、禅堂の中だけでするものではありません。

昨今の日本の禅僧のうちには、禅堂の中では立派な方がおいでになります。惚れ惚れとするような高僧・名僧です。ところが、一歩禅堂の外に出れば、人格破綻者ではないかと思われる人もおられます。その人にとっては、禅というのは禅堂の中にだけあるものなんですね。

そうではなくて、生活全体が禅でなければならないのです。

坐禅とは、たんに坐ることではなく、行《ぎょう》（歩く）・住《じゅう》（止まる）・坐《ざ》（坐る）・臥《が》（横になる）のすべてが禅でなければならないのです。腹がへったらめしを食い、ねむくなれば眠る、そのめしを食うこと・眠ることが禅です。

要するに生活禅です。

だが、道元は、最初はそのことが分からなかったようです。

道元を乗せた船が中国の明州の港に着いたとき、しばらくのあいだ道元は船の中で起居していました。その船に、老典座《てんぞ》が日本産の椎茸を買いに来ます。典座というのは、禅寺の食事係の僧です。

道元にすれば、中国で初めて会った禅僧です。道元はこの典座と禅の話がしたかった。それで典座を引きとめるのですが、彼はどうしても帰ると言います。明日の食事をつくる仕事があるからという理由です。

道元は言います。

「そんな、食事をつくるといった雑用は、どうでもよいではありませんか。それよりも、もっと大事な坐禅修行に励むべきではありませんか」

それに対して老典座は、

「あははは……。外国から来られた方よ、あなたはまだ弁道《べんどう》（修行）というものがいかなるものか、ちっとも分かっておられない」

と応じました。道元の書いた『典座教訓』に出てくる話です。典座の仕事は雑用なんかじゃない。まさに食事をつくるそのことが「修行」にほかならないことを、そのときの道元はまだ知らなかったのです。

わたしたちは、禅堂で坐禅をしたり、禅問答をしたり、経典を読んだりすることが、「修行」だと思っています。そのような「修行」に対して、つまらぬ「雑用」があると思っています。だが、それはまちがいです。道元が最終的に気づいたことは、われわれの行動のすべてが修行であるということです。もちろん、坐禅も修行です。しかし、食事をつくるのも修行であり、それを食うのも修行です。掃除をするのも修行。寝るのも修行。糞をするのも修行。あらゆることが修行であり、また修行でなければならないのです。

▼悟りにこだわらない

だとすると、出家者が寺院という空間の中でやる行動のすべてが修行でありますが、同時にわれわれ在家の人間がめしを食い、炊事・洗濯・掃除をやり、会社で仕事をし、通勤するのも禅の修行なんです。われわれはそう考えるべきです。

でも、それじゃあ、悟りが得られないではないか⁉ そういった反論がありそうです。悟りということを持ち出されると、わたしは弱い。降参せざるを得ません。わたしは禅堂で坐禅をしたことはないし、ましてや悟りを開いていません。

ただわたしに言えることは、われわれは悟りを求めて修行してはならない――ということです。そんなことをすれば、悟りが目的で修行が手段になります。それは、大学合格のための灰色の受験勉強と同じであり、勉強・修行が楽しくなくなります。それに、悟りさえ開けば、あとはどうでもいいということになり、禅堂の中では立派な師家であっても、一歩寺院の外に出れば、とんでもない人格破綻者ということになりかねません。

したがって、あまり悟りにこだわらないほうがよいと思います。

いや、そもそも悟りなるものは、物事にこだわらなくなることなんです。

禅籍『従容録《しょうようろく》』(第五十七則)に、次のような禅問答があります。あの有名な趙州《じょうしゅう》に、厳陽という人が尋ねるのです。問答の部分だけを紹介します。

厳陽「一物《いちもつ》不将来《ふしょうらい》の時如何《いかん》」

趙州「放下著《ほうげじゃく》」
厳陽「已《すで》に是《こ》れ一物不将来、這《こ》の什麼《なに》をか放下せん」
趙州「恁麼《いんも》ならば則《すなわ》ち担取《たんしゅ》し去れ」

――厳陽「何もかも捨ててしまって、一物も持っていません。そういうときは、どうしたらよいでしょうか？」
趙州「投げ捨ててしまえ！」
厳陽「すでに何も持っていません。それなのに、投げ捨てよと言われても、何を捨てるとよいのですか？」
趙州「それじゃあ、かついで行け！」――

趙州が言っているのは、わたしたちが持っている相対的な観念――生と死、苦と楽、是と非、正と邪、美と醜、善と悪、等々――を捨て去ってしまえ！　ということです。それが「放下著」。この〝著〟は命令の意味の助辞です。ですから「放下著」は、「投げ捨ててしまえ！」の意味です。

しかし、相手には、何を捨てていいのか分かりません。頭の中で観念ばかりを弄《もてあそ》んで、「それじゃあ、すべてを捨ててしまった状況において、いったい何を捨てればいいのか？」と考えています。あくまでも観念・概念にとらわれているのです。そんな分らず屋に、趙州は面倒になって、

「じゃあ、おまえさん、後生大事に持っていな」

とやったのです。まことに禅僧らしい言葉ですね。

要するに、わたしたちは世間の物差しを持っています。その世間の物差しを捨ててしまえ！　というのが趙州の「放下著」です。

そして、悟りというものは、世間の物差しにこだわらないことです。世間の物差しだと、禅は悟りに到達するための手段である。そう思われています。そんな世間の通念にこだわらなくなるのが悟りです。つまり、悟りにこだわらないのが悟りです。わたしはそう思います。

▼「枯木寒巌」

夏目漱石の『吾輩は猫である』の中に、こんな文章があります。

《元来主人は平常枯木寒巌《こぼくかんがん》の様な顔付はして居るもの丶実の所は決して婦人に冷淡な方ではない、……》

これは、猫がご主人の苦沙弥《くしゃみ》先生を評して言っているものです。ここに出てくる、――枯木寒巌――は禅の言葉です。禅籍『五燈会元《ごとうえげん》』にこんな話があります。

昔、婆子《ばす》有り。一庵主を供養し、二十年を経る。常に二八《にはち》の女子をして飯を送りて給侍《きゅうじ》せしむ。

ある老婆が一庵主のファンになるのです。二十年間、老婆は庵主に供養しました。〝二八の女子〟とは、十六歳の娘です。その若い女子に食事を運ばせるのです。そして二十年がたったある日、〈もうよかろう……〉と思った老婆は、若い娘に命じて庵主をテストします。

一日《あるひ》、女子をして主を抱かしめ曰く、「まさに恁麼《いんも》の時、如何《いかん》」と。主曰く、「枯木寒巌に倚《よ》りて、三冬に暖気《だんき》無し」と。

娘が庵主に抱きついて、「ねえ、こんなとき、どうする？」と聞くのです。それがテス

トです。すると庵主が言ったのは、

「枯木寒巌に倚りて、三冬に暖気無し」――わたしの心は枯れ木が冷たい岩によりかかっているようなもので、冬の三か月間、暖気がないのと同じです。そんな誘惑には負けませんよ――

でした。なかなか立派ですね。と、そんな評言はやめておきます。じつは老婆は、娘からの報告を受けて、

「わたしゃ、この二十年間、何たる俗物に供養したのであったか⁉」

と腹を立て、庵主を追い出し、おまけにその庵に火をつけて焼いてしまいました。それ故、この話から、

――婆子焼庵《ばすしょうあん》――

といった禅の公案がつくられています。さあ、あなたであれば、若い美女に言い寄られてどうしますか？　公案はそう問うているのです。

なかなかむずかしい公案です。前に話したように、一休がある意味でこの公案に答えを出しています。しかし、わたしたちが一休のまねをしてもだめですよ。まねは禅ではありません。

それから、庵主は「枯木寒巌」と言いました。勘違いしてもらいたくないのは、「枯木

寒巌」そのものが悪いのではありません。ただ庵主は、禅僧たる者は「枯木寒巌」でなければならぬと、世間の常識に従っているところを、老婆は不可としたのです。わたしは女を抱かないぞ——と、自己の信念に従って行動すればいいのです。その点をまちがえないでください。

▼人生の名優になる

ともかく禅というのは、世間の物差し、世間の常識に楯突くことです。

世間を馬鹿にせよ！
世間を笑い飛ばせ！
世間の奴隷になるな！

というのが禅であり、それは裏返しに言えば、

主体性を持て！
独坐大雄峰！
主人公になれ！

になります。世間のことを気にせず、自分らしく生きる。それができれば立派な禅者です。

わたしたちは観音菩薩です。観音菩薩がこの娑婆世界に遊びに来ているのです。

そして、娑婆世界には、いろいろな役割があります。金持ちの役割もあれば、貧乏人の役割もあります。善人の役割もあれば、悪人の役割もあります。優等生／劣等生、努力家／怠け者というのも、一つの役割です。そして、その役割は、自分の好みで選べません。ある程度は選べる部分もありますが、基本的には因縁に左右されます。だから、不本意ながら与えられた役割をつとめないといけないときもあるのです。

問題は、そのつとめ方です。

いやだ、いやだと思いながらつとめるのは、立派なつとめ方とはいえません。歌舞伎や映画で名優といわれる人は、その役に成りきっています。金持ちがよくて、貧乏人が悪い。それは世間の物差しです。しかし、名優が貧乏人の役割をつとめるときは、貧乏人になりきっています。世間の物差しにこだわらず、その役割になりきれるのが名優です。

だから、わたしたちも、名優になりましょう。

自分に与えられた役割を、世間の物差しなんか笑い飛ばして、立派につとめるのです。あなたに貧乏人の役割が与えられたら、その貧乏人を立派につとめる。引篭もりの役割を与えられたら、それを陽気につとめます。優等生の役割が与えられたら、それを立派につとめ、少しでも劣等生のためになることをしてあげる。そういう生き方を禅はすすめています。あなたが人生の名優となることを禅は期待しているのです。

▼「生き甲斐」不要

それから、例の「生き甲斐」なんてものも、世間的なものです。わたしは、「生き甲斐」なんて不要だと思います。

わたしの子どものころ（といっても戦前ですが）、「おまえたち少国民（といった言葉で、当時の少年少女は呼ばれていました）の命は天皇陛下のものである。おまえたちは天皇陛下のために死ぬことが、おまえたちの生き甲斐である」と、学校の先生は教えていました。そんな「生き甲斐」は、敗戦とともにスクラップになってしまいました。でも、戦後になると、世間の人々は、やれ仕事が生き甲斐だ、元気に働くことが生き甲斐だ、世の中の役に立つ人間になることが生き甲斐なんだと、新しい生き甲斐をつくってわたしたちに押し付けます。

そして、大部分の人間は、世間から押し付けられた生き甲斐を後生大事に守っています。その結果、会社人間になり、仕事人間になっています。社奴《しゃど》になっているのです。あるいは社畜《しゃちく》です。家に飼われているのが家畜で、会社に飼われている動物は社畜です。社奴というのは会社の奴隷です。

社畜や社奴になった挙句、景気が悪くなると、会社はあなたをリストラします。あなたは生き甲斐を失ってしまうのです。

生き甲斐というのは、恩恵的に与えられるものなんでしょうか。

かりに会社からリストラされずに、最後まで会社のために働き、無事に定年を迎えたとします。その人は退職金を手に入れます。彼はその退職金をもとにして、老後は妻と温泉旅行をしようと目論んでいました。ところが、妻は言います。

「あなたが貰った退職金の半分をわたしに欲しい。それを慰謝料にして、わたしはあなたと離婚したい」

そういう事例をよく耳にします。

そのとき、あなたは思うでしょう。

〈あーあ、いったい俺の人生は何だったんだろうか!? 俺は何のために働いてきたのだろうか!? 俺にとって、人生は無意味であった〉

いや、わたしは不幸なケースばかりを挙げているようですね。しかし、もっと幸福なケースで、かりに人生を全《まっと》うしたとします。それでもたいていの人は思うはずです。

〈いったい、俺の人生にどういう意味があったのか!?〉

ここのところに問題があります。それは、「生き甲斐」だとか「人生の意味」なんてものは、世間に属するものなんです。世間の物差しでもって、あなたの人生にすばらしい意味があったと判定してくれます。しかもたいていの場合、ほとんどの人の人生に意味はないことになります。

そんな世間の物差しで人生の価値を測るな！　世間なんて馬鹿にせよ！　禅はそう教えてくれているのです。

▼モームの『人間の絆』

わたしは、「人生の意味」について考察した名著は、イギリスの作家のサマセット・モーム（一八七四―一九六五）の『人間の絆』だと思います。ほかに「人生の意味」を論じた哲学書は数多くあるでしょうが、わたしがいちばん感銘を受けた書は『人間の絆』です。

この書は、モームの自伝的小説です。主人公のフィリップ・ケアリーはモーム自身を思わせる人物で、苦難の人生の中で「人生の意味」について真剣に考えます。人間は何のために生きているのか？　人間はなぜ生きねばならないのか？　主人公のフィリップは考え続けるのです。それがこの小説の粗筋といえば粗筋です。

さて、モームはこの小説の中で、「人間の歴史」を知りたいと思った東方のある国王に関するアネクドート（逸話）を紹介しています。その国王は学者（賢者）に命じて、人間の歴史を書いた五百巻の書物を蒐《あつ》めさせました。だが、政務に忙しい国王には、とても五百巻の書物を読む暇がありません。そこで国王は、それを要約するようにと学者に命じました。

それから二十年後、学者は五十巻の書物を宮廷に運び込みます。五百巻の書物を十分の一に要約したのです。けれども国王は、ある程度政務から離れていたので、それを読む時間はありますが、こんどは気力がありません。それで学者に、もっと短くしろと命じました。

また、さらに二十年がたちました。学者の頭髪は真っ白になっています。杖をつきながら、一冊の書物を携えて、学者が宮廷に現われます。

ところが、国王は臨終の床にいます。もはや一冊の書物すら読むことができないのです。そこで学者は、国王の耳に「人間の歴史」をわずか一行に要約して話して聞かせました。そこのところを引用します。

《……賢者は、人間の歴史を、わずか一行にして申し上げた。こうだった。人は、生れ、苦しみ、そして死ぬ、と。人生に意味など、そんなものは、なにもない。そして人間の一生もまた、なんの役にも立たないのだ。彼が、生れて来ようと、来なかろうと、生きていようと、死んでしまおうと、そんなことは、一切なんの影響もない。生も無意味、死もまた無意味なのだ》（中野好夫訳、新潮文庫）

五百巻に及ぶ「人間の歴史」も、要約すればたった一行になります。

――人は、生れ、苦しみ、そして死ぬ――

そして、人生に意味なんてありません。みんな苦しみ死ぬだけのこと。「人生の意味」や「生き甲斐」なんて、世間がわれわれを誑《たぶら》かすためにつくったペテンですよ。『人間の絆』の主人公のフィリップは、そのことに気づきます。気づいたとたん、彼は楽になるのです。

《今こそ責任の最後の重荷が、取り除かれたような気がした。そしてはじめて、完全な自由を感じたのだった。彼の存在の無意味さが、かえって一種の力に変った。そして今までは、迫害されてばかりいるように思った冷酷な運命と、今や突然、対等の立場に立ったような気がして来た。というのは、一度人生が無意味と決れば、世界は、その冷酷さを奪われたも同然だったからだ》（同上）

▼束縛からの解放

モームの『人間の絆』の原題は "Of Human Bondage" です。そして "bondage" の意味は、「束縛」「屈従」「隷属」です。われわれが社会に束縛され、隷属させられ、奴隷的に生きている状況の中で、主人公のフィリップがその束縛から解放される過程を描いたものがこの小説です。

ところが中野好夫は、これを『人間の絆』と訳しました。その中野好夫の題名が定着しているので、二〇〇一年に岩波文庫で訳した行方昭夫氏も『人間の絆』の題名を踏襲しています。では、〝bondage〟を〝絆〟と訳すのは誤訳でしょうか？

じつは、〝絆〟といった語は、『広辞苑』によると、

《①馬・犬・鷹など、動物をつなぎとめる綱。……②断つにしのびない恩愛。離れがたい情実。ほだし。係累。繋縛。……》

とあります。①は七三ページで述べた「繋驢橛《けろけつ》」です。驢馬《ろば》が杙《くい》に繋がれている状態であって、束縛を意味します。②もやはり束縛を意味します。しかし近年は、この〝絆〟を「連帯（ソリダリティ）」の意味に使うことが多くなりました。日本語の意味が変わってしまったのです。

しかし、モームは『人間の絆』で、われわれが「生き甲斐」だとか「人生の意味」を考えることは、つまりは社会・世間に束縛されていることだと考えています。明らかに〝絆(bondage)〟は「束縛」の意味です。

「生き甲斐」や「人生の意味」を考えると、世の中の大半の人間は惨めになります。ノーベル賞を貰ったような人はいいですよ。いわゆる立身出世した人はいい。権力者になれた人はいいかもしれません。でも、大半の人間は、そんなものとは無縁です。だからほとんどの人は、

〈あーあ、俺の人生はなんてつまらないのだろう……〉

と思ってしまいます。そして苦しむのです。

だが、そもそも「人生は無意味」だとすれば、どうなりますか？　人生には意味なんてないのです。誰の人生も無意味です。本質的にゼロなんだから、比較のしようがありません。フィリップはそう考えて楽になりました。束縛から解放されたのです。

▼奴隷になるな！

ですから、わたしたちも世間の束縛から解放されましょう。そもそも「生き甲斐」だとか「人生の意味」なんてものは、世間の押し付けです。それを考えることは、世間の奴隷になることです。

わたしたちは世間に縛られることをやめにして、自由になりましょう。

「自由」とは自《みずか》らに由《よ》ることであって、「世間由」すなわち世間に由《よ》ることの反対です。

小学生が算数のテストで七十点をとりました。お母さんは喜びます。しかし、そのあとで、お母さんが子どもに尋ねます。「平均点はいくらだったの?」と。「八十四点」という子どもの返答を聞いて、お母さんはがっかりします。「あなた、もっとがんばりなさい」となるのです。

だが、そもそも平均点なるものは、世間的なものです。その世間的な平均点によってわが子の七十点を考えるのは、「世間由」です。

「自由」というのは、わが子の七十点をそのまま「よかったね。よかったね」と評価することです。わたしはそう思います。

その「自由」について、釈迦はこう言っています。

「アーナンダよ、それ故に、自分自身を灯明とし、自分自身をよりどころとするがよい。他のものにたよってはいけない。法(真理)を灯明とし、法をよりどころとするがよい。他のものにたよってはいけない」

これは『マハー・パリニッバーナ経』(二一)にある言葉です(渡辺照宏訳)。釈迦は入滅に先立って、侍者のアーナンダ(阿難)にこのように言われました。

これが、

——自灯明・法灯明——

と呼ばれているものです。釈迦が入滅されると、この世は暗闇になります。その暗闇を、われわれは自分自身を灯明とし、法（釈迦の教えた真理）を灯明として歩め！　釈迦はわたしたちにそう訓誡を与えられたのです。

ところで、わたしたちが「法」を灯明とすべきは当然です。釈迦の教えは、暗闇を歩く灯明になります。

では、自灯明はどうでしょうか？　こんな頼りない自分が、果たして灯明になるのでしょうか？

じつは、仏教において大事なのは、むしろ「自灯明」なんです。だから、「法灯明」よりも先にあります。

なぜかといえば、釈迦の教えた法だけを灯明にしていたのでは、わたしたちはその法の奴隷になってしまうからです。それがいかに高遠なる真理であっても、それに縛られているのは奴隷です。あるいは囚人です。囚人には自由はありません。刑務所の中で、囚人は規則に縛られた生活をしています。ある意味で模範的です。立派です。でも、それが理想でしょうか。そうではありませんね。「法灯明」だけでは、まさに囚人の生活になってしまいます。

それ故、釈迦は、「法灯明」の前に「自灯明」を置かれたのです。

あなたがたは奴隷や囚人になってはいけない。まず自由人でありなさい。釈迦は、わたしたちにそう教えられたのです。

▼本書の要約

「法」の奴隷になってはいけないのであれば、ましてや「世間」の奴隷になってもいけません。われわれは「自由人」でなければなりません。それも中途半端な自由人ではなく、徹底した自由人でなければならないのです。

――自由人であれ！――


それが釈迦の教えであり、仏教の教えです。そして、禅が教えているのもそのことです。自由になるためには、われわれはまず、世間の束縛を断ち切らねばなりません。とくに禅が教えているのは、その世間の束縛の断ち切り方でしょう。

世間の束縛を断ち切るためには、わたしたちは世間の物差しを捨てねばなりません。でも、わたしたちは世間の中で生きています。社会の中で暮らしています。だから、完全に世間の物差しを捨てることは不可能です。世間の物差しを捨ててしまって、「わたしには給料は要りません」とは言えませんよね。やはり給料は多いほうがよいのです。しかし、給料の多さばかりにこだわっていると、わたしたちは世間の奴隷になってしまいます。それじゃあ、自由人にはなりません。

そこで、禅が教えるのは、世間の物差しの捨て方です。それは、つまりは、

——世間を馬鹿にする——

ことです。たしかにわたしたちは世間の中で生きていますが、そうは世間の言いなりにならないぞ。どうせ世間はころころ変わり、権力者の都合のよいように運営されているのだから、そうは世間を信用してないぞ。心の中でそう思うことです。それが世間を馬鹿にすることです。

そのためには、三つのパターンがあります。

——「愚」と「狂」と「遊」——

です。

まず、こちらが阿呆になること。「わたしは阿呆です」と言うことは、謙遜のように聞こえるかもしれませんが、そうではないのです。

「わたしは世間の物差しには騙されないぞ。わたしは自分の物差しでもって、自由に生きるぞ」

といった、世間を馬鹿にした言葉なんです。そういう阿呆（愚者）になりましょうよ。「狂」も同じです。「わたしは狂っています」と言うことは、じつは世間のほうが狂っているのです。そんな狂った世間の物差しを馬鹿にして、独自の物差しで生きましょう。それが「狂」です。

そして「遊」。わたしたちは観音菩薩であり、極楽世界からこの世界にしばらく遊びに来ました。そういう意味では、われわれは、

——在日極楽人——

です。日本に滞在しているのだから、日本語（日本という国の物差し。したがって世間の物差し）を使いますが、しかし「世間人」になりきったわけではありません。あくまでも仏の物差しに従って生きます。そう考えるのが在日極楽人です。

そして、わたしたちは自由に生きましょう。

といったことを、わたしは本書で論じました。

つまり禅の教えは、世間を馬鹿にすることです。それさえ分かれば、読者に禅が分かったことになりますよ。

[著者略歴]

ひろ さちや

1936年、大阪市に生まれる。東京大学文学部印度哲学科卒業。同大学院人文科学研究科印度哲学専攻博士課程中退。

気象大学校教授を経て、現在、仏教・インド思想の研究、執筆等に幅広く活躍。仏教を、一般の人々に平易な言葉で伝えている。主な著書に『仏教の歴史』(全10巻)『仏教　はじめの一歩』『人間の生き方を道元に学ぶ』『因果にこだわるな』『釈迦』『仏陀』『面白いほどよくわかる世界の宗教／宗教の世界』『親鸞』『法然』『道元』『仏教の釈迦・キリスト教のイエス』『大乗仏教の真実』『生活のなかの神道』(以上、春秋社)、『自分らしく生きるための禅』(中経出版)、『日本仏教史』(河出書房新社)、『〈法華経〉の真実』(佼成出版社)、『「孤独」のすすめ』(SBクリエイティヴ)、『気にしない　気にしない』(PHP研究所)など600冊を超える。

ひろさちやのいきいき人生2

禅にまなぶ

二〇一八年一月二〇日　第一刷発行

著　者　ひろ　さちや

発行者　澤畑吉和

発行所　株式会社春秋社

東京都千代田区外神田二―一八―六（〒一〇一―〇〇二一）

電話　〇三―三二五五―九六一一（営業）

〇三―三二五五―九六一四（編集）

振替　〇〇一八〇―六―二四八六一

http://www.shunjusha.co.jp/

装　幀　伊藤滋章

印刷所　信毎書籍印刷株式会社

製本所　根本製本株式会社

定価はカバー等に表示してあります

ISBN978-4-393-13412-2